Le Chien

Du même auteur

ROMAN

Un vent se lève qui éparpille, Sudbury, Éditions Prise de
parole, 1999. Prix du Gouverneur général.

THÉÂTRE

Il n'y a que l'amour, Sudbury, Éditions Prise de parole,
1999. Prix du Gouverneur général

Lucky Lady, Montréal, Éditions du Boréal / Sudbury,
Éditions Prise de parole, 1995.

Eddy, Montréal, Éditions du Boréal / Sudbury, Éditions
Prise de parole, 1994.

Les Murs de nos villages (coauteur d'un collectif), Sudbury,
Éditions Prise de parole, 1993 [Rockland, Éditions
Sainte-Famille, 1982].

Les Rogers, avec Robert Marinier et Robert Bellefeuille,
Sudbury, Éditions Prise de parole, 1985.

Hawkesbury Blues, avec Brigitte Haentjens, Sudbury,
Éditions Prise de parole, 1982.

Nickel, avec Brigitte Haentjens, Sudbury, Éditions Prise de
parole, 1981.

POÉSIE

Et d'ailleurs, Sudbury, Éditions Prise de parole, 1984.

Gens d'ici, Sudbury, Éditions Prise de parole, 1981.

Les Murs de nos villages, Sudbury, Éditions Prise de parole,
1983 [1980].

Jean Marc Dalpé

LE CHIEN
pièce en un acte

préface de Mariel O'Neill-Karch

Théâtre

Bibliothèque canadienne-française
Prise de parole
Sudbury, 2003

Données de catalogage avant publication (Canada)
Dalpé, Jean-Marc, 1957-
    Le chien : pièce en un acte / Jean Marc Dalpé. — 3e éd.
(Bibliothèque canadienne-française)
ISBN 2-89423-155-5

    I. Titre.

PS8557.A458C44   2003   C842'.54   C2003-902369-9
PQ3919.2.D246C44   2003

En distribution au Québec: Diffusion Prologue
                             1650, boul. Lionel-Bertrand
                             Boisbriand (QC) J7H 1N7
                             450-434-0306

 Prise de parole est une maison d'édition ancrée dans le nord de l'Ontario, engagée dans la création, la production et la promotion d'une littérature canadienne-française.

La maison d'édition bénéficie de l'appui du Conseil des Arts de l'Ontario, du Conseil des Arts du Canada, de Patrimoine Canada (Programme d'appui aux langues officielles et Programme d'aide au développement de l'industrie de l'édition) et de la Ville du Grand Sudbury.

Œuvre en page de couverture: Nicole Doucet
Photographies à l'intérieur: Jean-Guy Thibodeau
Photographie de l'auteur: André Tremblay
Conception de la couverture: Christian Quesnel

Éditions Prise de parole
C.P. 550, Sudbury (Ontario) CANADA P3E 4R2

ISBN 2-89423-155-5
Réimpression 2008

what is to be done with you and love father?

Wood Mountain poems
Andrew Suknaski

PRÉFACE

«L'inconscient du texte […] concerne autant les conte-
nus idéologiques que les pensées inconscientes de
l'auteur et du lecteur qui, chacun à sa manière, tentent
d'accéder aux différents sens possibles.» Patrice Pavis,
Le théâtre contemporain, Paris, Nathan U., 2002, p. 23.

*Louis Bélanger, dans un article très utile[1], a analysé la récep-
tion critique du* Chien *en Ontario, au Québec et au Canada
anglais. Pour la critique ontaroise, «*Le Chien *apparaît
comme texte fondateur d'une tradition dramatique à laquelle
semble souscrire une communauté qui, par les biais d'un
"nous" ou d'un "on", investit l'un des siens du mandat de
représenter ses valeurs les plus distinctives[2].» Par contre, c'est
sous le signe de l'altérité que le Québec a reçu* Le Chien*:
«Sincérité, ouverture, aveux d'ignorance ou de faute cultu-
relle, à une époque où le Québec est en mal de jeunes drama-
turges de souche qui suivraient les traces des Chaurette,
Dubois, Bouchard, Laberge, ces commentaires oscillent entre*

---

[1] «*Le Chien* de Jean Marc Dalpé: réception critique», *Revue du Nouvel-
Ontario* 16 (1994), p. 127-137.
[2] *Ibid.*, p. 130.

le malaise et la récupération[3]. » Son de cloche semblable au Canada anglais où prévaut « une forme ambiguë de sympathie, fruit d'un intérêt tout romantique pour la marginalité et l'étrangeté, source d'une folklorisation certaine de la culture franco-ontarienne [...][4]. »

Une recension importante, dont Louis Bélanger n'a pas rendu compte, témoigne en effet de la réception ambiguë accordée à la pièce dans le milieu anglophone torontois. Robert Crew, à l'époque critique principal du Toronto Star, a eu le malheur d'affirmer[5] que Le Chien, qu'il a vu au Factory Theatre, n'est pas un chef-d'œuvre : « Le Chien is a first play. It is raw, angry and occasionally quite powerful. But it is also messy, unfocussed and overwritten. » Outrée par ce qu'elle a perçu comme un affront, Jackie Maxwell, la directrice artistique du Factory Theatre, qui a tant fait pour faire connaître le théâtre québécois au public torontois, est sortie de ses gonds et a écrit une lettre cinglante à Robert Crew[6] lui laissant savoir qu'il ne serait plus le bienvenu dans son théâtre[7]. C'est dire à quel point elle percevait l'avenir du Chien (et, par extension, celui de Dalpé) comme fragile. Et pourtant, Robert Crew avait ajouté dans sa recension que « Jean Marc Dalpé is a tough and angry young playwright and may yet prove to be someone special. » Nous savons tous maintenant jusqu'à quel point Dalpé est « spécial ».

---

[3] Ibid., p. 132.

[4] Ibid., p. 135.

[5] « Le Chien's English Debut. An Underwhelming Event », The Toronto Star (18 novembre 1988), p. B18.

[6] Cette lettre est déposée dans la boîte n° 46, archives du Théâtre du Nouvel-Ontario, dossiers Le Chien, 1987-1988.

[7] Pas rancunier, Robert Crew annonce dans le Toronto Star du 5 avril 1989, que Le Chien a été invité au Festival de Limoges (p. D1).

Le Chien *a, de fait, changé sa vie, puisque le succès de la pièce, couronnée du prix du Gouverneur général, lui a donné non seulement de l'argent, mais la confiance qu'il lui fallait pour persévérer dans son métier d'écrivain, et produire d'autres œuvres dont deux lui ont de nouveau mérité le prix du Gouverneur général, soit un recueil de pièces de théâtre,* Il n'y a que l'amour, *et un premier roman,* Un vent se lève qui éparpille, *fondé en partie du moins sur des images, des dialogues, voire des thèmes qui ont dû être retranchés du* Chien[8]. *La mise en scène magistrale du* Chien *a été suivie par de grands succès montréalais pour Brigitte Haentjens qui a reçu de nombreux éloges et des prix prestigieux, dont le prix de la Critique de l'ACQT et le Masque de la production 1996 pour* Quartett de Heiner Müller *à l'Espace Go. Cette pièce a aussi changé ma vie, car c'est la production du* Chien *au Factory Theatre, celle-là même dont parle Robert Crew, puisque nous avons tous les deux assisté à la première, qui a mis en marche la recherche qui a abouti à la publication de mon livre sur l'espace dans le théâtre franco-ontarien. Depuis, je n'ai pas cessé de m'intéresser au théâtre d'ici. C'est pourquoi j'ai accepté avec plaisir d'écrire la préface de cette nouvelle édition.*

✂

---

[8] Voir Robert Dickson, «Portrait d'auteur: Jean Marc Dalpé», *Francophonies d'Amérique* 15 (2003), p. 96.

«L'espace scénique peut […] apparaître comme un vaste champ psychique où s'affrontent des forces qui sont les forces psychiques du moi. La scène est alors assimilable à un champ clos où s'affrontent les éléments du moi divisé, clivé.» Anne Ubersfeld, *Lire le théâtre*, Paris, Éditions sociales, 1977, p. 170.

Depuis la publication du Chien, *les analyses ont privilégié tour à tour l'espace[9], le manque de communication[10], l'univers des minoritaires, selon une pensée structuraliste génétique[11], la dimension tragique[12] et l'hybridation[13].*

---

[9] Mariel O'Neill-Karch, «*Le Chien*, espace scénique, espace dramatique», dans *Théâtre franco-ontarien. Espaces ludiques*, Ottawa, L'Interligne, 1992, p. 139-157.

[10] «Les personnages de Dalpé sont hantés par une violence originaire qu'ils n'arrivent jamais à exprimer dans la langue, dans ce français qui leur échappe.» François Paré, «La dramaturgie franco-ontarienne: la langue et la loi», *Jeu* 73 (1994), p. 31.

[11] Pierre Pelletier, «Pourquoi *Le Chien* nous émeut-il?», *Petites incarnations de la pensée délinquante*, Vanier, L'Interligne, 1994.

[12] Stephanie Nutting, «*Le Chien*», dans *Le Tragique dans le théâtre québécois et canadien-français, 1950-1989*, Lewiston, Edwin Mellen Press, 2000. L'auteure affirme que «Dalpé a réalisé l'émergence d'un autre modèle [de la tragédie] basé sur la conscience de la mémoire clignotante, le retour de la violence "dans le trou" et la symbolique animale "à la Dürer".» (p. 112). Elle voit donc, dans *Le Chien*, une «tragédie de l'écœurement», où la chair épuisée, morcelée, violée, infestée par la mort, se disloque en une abjection anamorphique, figurée en partie par le chien fou.

[13] Stephanie Nutting, «Entre chien et homme: l'hybridation dans *Le Chien* de Jean Marc Dalpé», *Les Théâtres professionnels du Canada francophone: entre mémoire et rupture*, sous la dir. de Hélène Beauchamp et Joël Beddows, Ottawa, Le Nordir, 2001, p. 277-290. L'hybridation, selon Stephanie Nutting, se trouve au niveau d'une parole mi-française, mi-anglaise, mais surtout au niveau des personnages, traversés par de forts courants de bestialité, incarnés par le chien-père, attaché dans un lieu indéfini et qui émet des sons mortifères.

Tout en tenant compte de certaines des conclusions aux-quelles sont arrivés mes collègues, j'ai choisi, dans cette préface, de continuer mon exploration de l'espace, en me concentrant, cette fois-ci, sur certains aspects de l'espace psychique que je n'avais pas déjà fait ressortir. Dans un texte écrit avant la pre-mière production du Chien, *l'auteur (vraisemblablement Dalpé lui-même), conscient de ce qu'il appelle «le piège du réalisme», souligne «la dimension mythique de la pièce»:*

> *Il faut donc garder tous les ponts émotionnels qui permettent ces passages d'un espace-temps à un autre comme ils se produiraient dans nos têtes, comme s'ils constituaient des éléments d'un monologue intérieur qui procède par associations affectives. [...] Il faut [...] retrouver par des gestes, des sens, l'enchaînement émotif de toute la pièce, qui pourrait être, en fait, comme un long monologue intérieur de Jay revivant cette soirée, ces moments dans sa tête[14].*

Il est, bien sûr, vrai que chaque personnage est le centre d'un monde psychique, mais il y a de nombreux indices dans Le Chien *qui montrent que c'est le monde de Jay qui est privilé-gié. Il est le premier à paraître sur scène, et sa rencontre avec son père, sa bête noire, après sept ans d'absence est au cœur du drame et se fait au centre du plateau.*

Les cinq personnages ne quittent jamais la scène, ce qui est irréel, mais théâtral parce que leur présence continue, dans l'esprit de Jay, permet de passer, au théâtre, d'une scène à une autre, sans transition et sans laps de temps, comme les idées et les images se déplacent et se remplacent dans le cerveau humain.

---

[14] «*Le Chien*. Présentation du projet», boîte n° 46, archives du Théâtre du Nouvel-Ontario, dossiers *Le Chien*, 1987-1988.

L'espace scénique, mimétique se confond tellement étroitement avec l'espace psychique que j'en suis venue à croire que tout ce que nous voyons sur scène se passe dans le cerveau de Jay qui, après sept années d'absence[15], retourne là où il est né, là où il a été formé et déformé, au lieu donc qui explique son aigreur.

Le chiffre sept «symbolise un cycle complet[16]». À la fin du premier cycle de sa vie, alors qu'il avait sept ans, son grand-père lui a donné un fusil. Jay, au cours des années et de ses voyages, a fait un autre cycle et retrouve son point de départ. «Sept indique le sens d'un changement après un cycle accompli et d'un renouvellement positif[17].» À la fin de la pièce, Jay n'est plus le même. Il a exorcisé ses démons. Il peut donc aller de l'avant. «Le nombre sept est fréquemment employé dans la Bible [...]. Non seulement le septième jour, mais la septième année est de repos. Tous les sept ans, les serviteurs sont libérés, les débiteurs exemptés[18].» Le repos, c'est ce que cherche Jay qui

---

[15] Pourtant, une lettre de Céline révèle que Jay est déjà retourné chez lui: «... quand tu es venu en juillet». S'agit-il d'un pèlerinage annuel, puisque le temps de l'action du *Chien* est «un soir de juillet»? À quand remonte cette lettre? Un an, deux ans, moins longtemps? Cette lettre aurait plutôt été écrite après le temps de la pièce puisque Céline y reprend des bribes d'une conversation qui s'est tenue le jour même: «À un moment donné [...], tu m'as demandé ce que j'allais faire. Mais, pas comme tout l'monde, tu ne m'as pas dit ce que je DEVAIS faire.» C'est dire que toute l'action se passe dans un espace psychique, celui de Jay, qui revoie certains incidents, qui en invente d'autres aussi. Le lecteur/spectateur ne peut pas toujours distinguer ce qui a été inventé de ce qui a été vécu. Le problème herméneutique reste donc entier.

[16] Jean Chevalier et Alain Gheerbrant, *Dictionnaire des symboles: Mythes, rêves, coutumes, gestes, formes, figures, couleurs, nombres*, Paris, Seghers, 1973, tome 4, p. 170.

[17] *Ibid.*

[18] *Ibid.*, p. 173.

confesse être venu «pour faire la paix», ce qui revient au même. Il l'apporte aussi, le repos, à son grand-père et à tous les membres de sa famille, d'une façon ou d'une autre. «Sept comporte cependant une anxiété par le fait qu'il indique le passage du connu à l'inconnu: un cycle s'est accompli, quel sera le suivant[19]?» La pièce de Dalpé ne répond pas à cette question, l'action prenant fin à la fin d'un cycle, sans présenter le début du suivant.

Pour se rendre là où il se trouve, Jay a voyagé trois jours et trois nuits. Il subit, durant ce temps, sa passion: il souffre, il meurt, il ressuscite[20]. Ce nombre est trop chargé symboliquement pour avoir été choisi au hasard. Un autre passage d'ailleurs justifie le rapprochement que je fais ici entre Jay et le Christ. C'est sa mère qui parle: «... j'avais des rêves pour le "fruit de mes entrailles"!», paroles célèbres de l'Archange de l'Annonciation. Ces deux passages font de Jay un sauveur, celui de sa famille, qui rétablit les choses en faisant justice aux bons et aux méchants.

Si le parallèle entre Jay et le Christ, que je viens d'établir, paraît osé, on peut en faire un autre qui, lui aussi, se trouve dans le texte, mais de façon encore plus évidente. Jay se voit en héros de contes de fée, parce que sa mère le voyait ainsi: «Quand j'étais petit, j'y contais les histoires pis j'y disais: "Tu vois ce prince-là? C'est toé ça. C'est toé mon petit prince en or. Pis quand tu vas être grand, tu vas y aller en tuer des dragons pis des géants toé-tou".» Dans le contexte des contes de fée, les nombres trois et sept ont des valeurs symboliques semblables à celles que nous avons relevées.

Autre chose. Dans son monologue qui commence par: «J'avais des rêves pour c't'enfant-là», la mère de Jay insiste sur

---

[19] *Ibid.*

[20] La dernière réplique de la pièce souligne le lien entre le chiffre trois et le sous-texte religieux.

le mot «rêve» qu'elle prononce neuf fois, liant ainsi l'espace onirique, lui-même porteur et créateur de symboles, au chiffre neuf, qui a une valeur rituelle. Comme l'avancent les auteurs du Dictionnaire des symboles, *«neuf semble être la mesure des gestations, des recherches fructueuses et symbolise le couronnement des efforts, l'achèvement de la création*[21]*».* Mais, l'idée de germination est aussi accompagnée de celle de mort, puisque *neuf est le dernier des chiffres: «Il exprime la fin d'un cycle, l'achèvement d'une course, la fermeture de la boucle*[22]*.»* Dès son enfance, selon cette interprétation, les rêves de la mère projettent Jay dans un univers onirique où les dragons doivent être tués.

       Dans cet univers onirique, la logique n'est pas celle de tous les jours. Par exemple, une des premières choses que Jay demande à son père, c'est s'il a toujours le fusil que son grand-père lui avait raconté avoir «pris d'un général allemand». La réponse est équivoque: «On l'a enterré à matin». S'agit-il du grand-père? Du fusil? Quelques pages plus loin, pourtant, le père répond plus directement à la question en pointant un sac duquel Jay sort un Luger. Mais, ce pistolet automatique de 9 mm de fabrication allemande est-il ce même «fusil» dont il est question plus haut? La confusion vient du fait que le Luger est l'arme avec laquelle le spectre du grand-père dit avoir tué un soldat allemand «encore plus jeune que [lui]» sans remords: «J'ai aimé ça», dit-il. Ce récit ne concorde pourtant pas avec ce que le grand-père a toujours raconté, que c'était l'arme d'un général allemand. Double transgression, semble-t-il: il a tué sans remords; il a menti toute sa vie, en se donnant le beau rôle dans cette histoire. Mais, comment Jay aurait-il pu apprendre la vérité? Ou est-ce une autre «histoire», une histoire que Jay se

---

[21] *Dictionnaire des symboles*, *op. cit.*, tome 3, p. 261.
[22] *Ibid.*, p. 264.

raconte à lui-même? L'esprit de Jay est-il visité par le fantôme de son grand-père?

Le symbolisme rattaché aux armes à feu peut nous être d'un secours ici. En plus d'être «[les] anti-monstre[s], qui devien[nen]t monstre[s] à [leur] tour», les armes qui paraissent dans des rêves «sont révélateurs de conflits intérieurs. La forme de certaines armes précise la nature du conflit. Par exemple, la psychanalyse voit dans la plupart des armes un symbole sexuel … La désignation de l'organe masculin est la plus claire, lorsqu'il s'agit de pistolets et de revolvers, qui apparaissent dans les rêves comme un signe de tension sexuelle psychologique[23].» La tension sexuelle, dans Le Chien, se joue à au moins deux niveaux: celui des parents et celui de la sœur.

Après le départ de Jay, la mère est allée vivre ailleurs, laissant son mari seul avec ses comptes et sa bière. Lorsqu'elle tente de commencer une nouvelle relation avec Jacques, le père, après avoir cassé les dents de son épouse, se rend à la chambre de motel de son rival: « Ton père l'a réveillé au milieu de la nuit, y'a mis sa 22 entre les deux yeux, y'a pesé sur la gâchette pis y'a fait "Bang!" comme ça avec sa bouche.» Jacques, qui a saisi le message, déguerpit le lendemain.

Toujours prêt à défendre sa virilité menacée, le père tente de faire rejaillir sur lui-même un peu de l'héroïsme supposé du grand-père en brandissant le Luger devant ses chums, à la taverne, le jour même des funérailles. Leur réaction n'est pas celle à laquelle il s'attendait, puisque Charbonneau s'exclame: « Tu parles de la bullshit!» Blessé dans son honneur, le père a «failli tirer [le Luger] dans' face à Charbonneau». Comme plus tôt, face à Jacques, le père se révèle, encore une fois, impuissant et ne

---

[23] *Dictionnaire des symboles,* tome 1, p. 128. Le texte en caractère normal est tiré de Ernest Aeppli, *Les rêves et leur interprétation,* Paris, 1951.

15

tire pas. Dans ses relations avec les femmes, par contre, sa violence se manifeste sans retenue.

Cela se voit dans les coups répétés qu'il donne à sa femme, comme on l'a mentionné plus haut. Mais le dramaturge accorde encore plus d'importance au viol de Céline, sa fille adoptive, puisqu'il place cet épisode à la fin de la pièce. La scène est, en effet, presque insoutenable, puisque à cette occasion, on pourrait dire que le père décharge son arme après avoir frappé sa victime jusqu'à ce qu'elle cesse de crier, signe qu'elle se résigne alors à l'agression. Lorsque tout est fini, Céline est consciente des jappements du chien qu'elle associe dorénavant au père, comme l'indiquent ces paroles, tirées de sa chanson : « Donnez-moé la force / d'tuer le chien pour toujours. »

Le récit de Céline sert de déclencheur à Jay qui, ayant appris de son père à tirer, braque l'arme sur son géniteur : « Temps. Jay tire son père, trois fois, mais celui-ci ne tombe pas. »

Chose certaine, à la fin, l'espace de la vie et l'espace de la mort se rejoignent quand le grand-père reprend l'arme des mains de Jay. Ce geste ne peut appartenir qu'à l'espace psychique. Si Jay remet le revolver entre les mains d'un mort qui le lui réclame, c'est que le meurtre qu'il vient de commettre n'a eu lieu que dans sa tête. C'est pourquoi aussi son père ne tombe pas, même s'il est troué de balles. Tout se tient si tout a lieu dans le cerveau de Jay, embrumé par la bière.

Si l'on s'en tient à une interprétation réaliste, la pièce n'a pas de sens. Le meurtre de son père n'apporte aucune solution à la situation familiale. Ce n'est qu'une vengeance qui risque de mal tourner pour Jay. Comment le grand-père, enterré le matin même, peut-il intervenir entre le père et Jay, en disant : « Mets ça [un manche de hache] à terre comme y te l'dit » ? Pourquoi le Père « ne tombe pas » après avoir reçu trois balles dans le corps ? Comment le grand-père peut-il reprendre « le fusil des mains de Jay » ?

Si, par contre, l'on replace l'action dans un espace psychique, tout rentre dans l'ordre. Tout se passe dans la tête de Jay qui, obsédé par ce qu'il a laissé derrière lui, abréagit, repasse des scènes du passé, les plus marquantes, comme sa mère tente de mettre de l'ordre dans ses souvenirs (« Mais dans ma tête... pis j'suis toute mêlée en dedans »), comme son grand-père qui tente la même chose, sans réussir à « en effacer des petits bouttes [qu'il] aime moins ». Comme sa mère et son grand-père, Jay n'y arrive pas :

> Les forces du « moi » de Jay, complètement bouleversé par le meurtre symbolique du père — mise à mort d'une vision dépassée de la réalité qui les tuait tous et toutes —, se recentrent dans un espace au présent qui devient cris irrépressibles [« Câlice ! Câlice ! Pis moé ? »], annonçant de façon terrible les cris d'une libération qui débouche sur un vide, une absence de vérité, une absence de vision. Jay, en héros tragique, libère les siens des chaînes qui les liaient à la mort, à une vision du monde qui n'est plus. Ce faisant, cette libération devient enchaînement à l'effrayante liberté de créer, de devenir immortel. *(voir Rollo May,* The Courage To Create, *New York, W. W. Norton, 1975, pages 31 et 140)*[24]. »

Cette liberté de créer rappelle deux des « rêves » de la mère de Jay qui voyait son fils devenir un grand peintre et surtout un grand écrivain, comme Victor Hugo. La réalité semble plus prosaïque : « J'suis sur la route. Construction. Des contrats icitte pis là... »

⌘

---

[24] Pierre Pelletier, *Petites incarnations de la pensée délinquante,* Vanier, L'Interligne, 1994, p. 126.

« Le texte de théâtre ne mime pas la réalité, il en propose une construction. » Jean-Pierre Ryngaert, *Lire le théâtre contemporain*, Paris, Dunod, 1993, p. 4.

Ce sont surtout des ponts que construit l'œuvre, comme il est dit dans la « Présentation du projet » de Dalpé: « Il faut [...] garder tous les ponts émotionnels qui permettent [les] passages d'un espace-temps à un autre comme ils se produiraient dans nos têtes, comme s'ils constituaient des éléments d'un monologue intérieur qui procède par associations affectives[25]. » Ce que la mère de Jay n'arrive pas à faire avec ses souvenirs qu'elle compare à des photos, Jay réussit à le faire dans un monologue intérieur où les scènes anachroniques se succèdent, justement « par associations affectives ». La rencontre avec son père a-t-elle lieu? Puisqu'il était en ville la veille de l'enterrement de son grand-père qu'il aimait bien, pourquoi n'est-il pas allé à ses funérailles? Pourquoi être allé au cimetière un peu avant le moment de l'action de la pièce? Comment expliquer la scène entre le père et le grand-père, scène qui a eu lieu sans témoin?

Toutes ces questions font que ma conclusion rejoint celle de Pierre Pelletier qui affirme que Le Chien,

> *comme toute œuvre réussie [...], est pratiquement un paradigme d'interprétations né de la richesse d'un monologue intérieur [...] composé d'intériorités diverses, de temps aux résonances complémentaires qui font partie d'une vrille temporelle : temps d'affrontement, temps de paix désirée, temps de mort, temps de présence, temps chronologique [passé, présent, futur]. C'est particulièrement à ce niveau d'analyse, comme l'avance*

---

[25] Boîte n° 46, archives du Théâtre du Nouvel-Ontario, dossiers *Le Chien*, 1987-1988.

Bateson[26], que l'œuvre devient pratiquement inépuisable de sens[27].

C'est ce que démontreront les chercheurs à venir qui continueront de puiser dans cette riche matière.

Mariel O'Neill-Karch

---

[26] Gregory Bateson, *Steps To An Ecology of the Mind*, New York, Ballantine Books, 1985, p. 134.

[27] Pierre Pelletier, *op. cit*, p. 128.

Le Théâtre du Nouvel-Ontario, en collaboration avec le Centre d'essai des auteurs dramatiques de Montréal, a présenté *Le Chien* en lecture publique le 3 septembre 1987 à Québec. En février 1988, le Théâtre du Nouvel-Ontario et le Théâtre français du Centre national des Arts créaient la pièce, qui était jouée à Toronto, Ottawa et Montréal. En novembre 1988, la pièce était reprise en anglais, dans une traduction de Jean Marc Dalpé et Maureen Labonté, une production du Factory Theatre à Toronto. Présentée à Montréal à l'occasion de Cinars en décembre 1988, la pièce était choisie pour représenter le Canada au Festival des Amériques en mai 1989, et invitée au Festival international des Francophonies à Limoges (France) en octobre 1989. Le 21 octobre 1989, Radio-Canada enregistrait une représentation du *Chien* au Grand Théâtre à Sudbury pour diffusion à la radio. En 1992, Eugène Durif réalisait une adaptation française du *Chien*, qui était présentée au Festival d'Avignon, en France. En 1993, le Théâtre français de Toronto et le Cercle Molière de Saint-Boniface au Manitoba montaient chacunune production du *Chien*.

Jean Marc Dalpé recevait, en mars 1989, le Prix du Gouverneur général pour *Le Chien*.

Distribution

Jay	*Roy Dupuis*
Céline	*Hélène Paulin*
Mère	*Marthe Turgeon*
Père	*Roger Blay*
Grand-père	*Lionel Villeneuve*

Mise en scène	*Brigitte Haentjens*
Scénographie	*Pierre Perrault*
Éclairages	*Stéphane Mongeau*
Musique	*Robert Paquette*

Personnages

Jay	25 ans
Céline	17 ans, fille adoptive, métisse, enceinte de 7 mois
Mère	45 ans
Grand-père	87 ans, ancien colonisateur dans la région
Père	52 ans, bûcheron

Décor

La cour en avant d'une maison mobile
au bout d'un petit chemin de terre,
près du village.

Temps

L'action principale se déroule un soir
de juillet entre Jay et son père.

L'éclairage monte et on entend le chien qui aboie.
Il est dix heures et demie du soir et le soleil ne veut pas
aller se coucher.
Jay, en bottes de cowboy, jeans délavés et t-shirt, entre.
D'une main, il tient sa veste de cuir et un sac de voyage
alors que de l'autre, il tient une caisse de douze bières. Le
chien aboie.

JAY

T'es encore vivant toé!
        Il s'approche de la porte et cogne.
Y'a quelqu'un? T'es là?
        Pas de réponse. Il trouve un sac avec des os, en lance un
        au chien.
Tiens! Gruge là-dessus pour un boutte.
        Le chien se tait. On entend un train qui passe.
Câlice d'ostie d'place de cul!
        Il s'ouvre une bière. Temps.

23

CÉLINE

(Lettre :) Cher Jay,

Ça fait drôle t'écrire. Je ne suis pas très habituée à mettre des affaires sur papier de même vu que je n'ai jamais été bonne dans les compositions à l'école et que je n'ai pas écrit de lettre souvent non plus, vu qu'il n'y avait pas personne à qui je pouvais penser à écrire quand même. Je suis rien que sortie une couple de fois du village, à part d'aller à Timmins je veux dire, et ça ne compte pas vraiment ça, fait que à qui tu voulais que j'écrive ?

Une fois, je m'étais acheté un cahier spécial. Je pense c'est quand j'avais 13 ou 14 ans… Ça fait pas si longtemps que ça au fond mais ça paraît loin… En tout cas, je l'avais acheté chez Paquette et je voulais commencer à écrire là-dedans à tous les jours. Ça allait être mon journal comme t'en vois des fois dans des livres ou des magazines. J'ai commencé mais ça duré deux jours. Puis là, j'ai eu une drôle d'idée. Je voulais écrire là-dedans comme si c'était une lettre à ma mère, la vraie… pas la tienne, je veux dire la nôtre, mais la mienne. Mais ça non plus, ça pas duré longtemps. C'était peut-être parce qu'elle n'avait pas de visage, ou que je n'arrivais pas à lui en inventer un qui changerait pas tout le temps.

Il a plu toute la nuit ici et une partie de la matinée jusque vers dix heures. Il pleut beaucoup ces jours-ci maintenant. Pas comme quand tu es venu en juillet. Il faisait tellement beau et chaud et sec. Ta mère était tellement contente.

Temps.

MÈRE

J'avais des rêves pour c't'enfant-là. (*En riant:*) Un jour c'était le meilleur joueur de hockey des Canadiens pis le lendemain un businessman qui fait des millions pis qui couraille partout dans le monde avec son avion privé à lui. J'étais folle, câlice! Quand j'le voyais dessiner, j'rêvais qu'y'allait être un grand peintre. Quand y s'est mis à lire, là y'allait être un autre Victor Hugo!

Pause.

Oui… j'avais des rêves pour ce petit gars-là! Pis j'me disais… mais y'en faut! Y'en faut des rêves! Y'a plein d'histoires de gars qui sont partis de rien pis qui l'ont fait! Ça prend des rêves pis des guts. Des rêves pis des guts! Pis même si y'est né dans un trou de marde comme icitte, pour que c'est faire mon petit gars y'en ferait pas autant?

Pause.

J'avais des rêves… j'avais des rêves pour le «fruit de mes entrailles»! Quand y'était petit, j'y contais les histoires pis j'y disais: «Tu vois ce prince-là? C'est toé, ça. C'est toé mon petit prince en or. Pis quand tu vas être grand, tu vas y aller en tuer des dragons pis des géants toé-tou.» Plus tard, j'y contais les chercheurs d'or en Californie pis les anglais qui sont allés faire fortune ouvrant des mines de diamants en Afrique, pis l'histoire du gars qui a commencé livreur de journaux, pis qui a fini gros boss du même maudit journal! Pis j'y disais: «Regarde… regarde tout c'que tu peux faire, tout c'qui t'attend! Faut viser haut! Jouer ses cartes comme y faut!» Des rêves pis des guts… «Pis tu vas en tuer des dragons toé-tou.»

Temps.

GRAND-PÈRE

Ah ben! là tu m'fais plaisir. J't'icitte!
Pause.
Coudon, y barrent pas les portes?

JAY

J'arrive des tracks. J'ai sauté le fossé pis la clôture du fond.

GRAND-PÈRE

Pensé souvent à moé?

JAY

De temps en temps.

GRAND-PÈRE

Quand tu voyais un petit vieux tout ratatiné, tu t'disais:
«Tiens, j'me demande si l'grand-père y'est toujours aussi
aguissable?»

JAY

Ouain… quand j'voyais quelqu'un pêcher aussi.
Pause.
J'te l'ai remis ton argent, hein?

GRAND-PÈRE

Ça t'a pas pris longtemps non plus! Deux mois! Que c'est
t'as fait, volé une banque?

JAY

Ça m'avait ben aidé ton cinq cents quand j'suis parti. Y me
semble que j't'ai pas assez remercié.

GRAND-PÈRE

Perds pas ton temps à penser à ça. À c't'heure que j't'en train de pourrir dans ma tombe, ça me sert pas à grand-chose.

JAY

Tu l'as pas dit à personne?

GRAND-PÈRE

Tu veux dire à lui? Ben voyons… L'as-tu revu encore?

JAY

Non. Mais c'est ben pour ça que j'suis revenu, j'pense ben.

GRAND-PÈRE

Y m'a jamais reparlé de toé.

JAY

M'man pis Céline y'ont l'air d'aller.

GRAND-PÈRE

A boit un petit peu trop mais a ben pris soin de moé à fin.
Pause.

JAY

Que c'est t'écoutes?

GRAND-PÈRE

Toute une vie. La vie c'est dans les os, t'sais. C'est là qu'elle est. C'est un mystère. Comme le Bonyeu dans l'Hostie. Est toute là… jusqu'à poussière.
Pause.

JAY

Tu peux pas t'organiser pour en effacer des petits bouttes que t'aimes moins?

GRAND-PÈRE

(En riant avec Jay:) Non… non. C'est sûr que j'aimerais ben pouvoir des fois par exemple.

> *Jay suit du regard son père en habit du dimanche qui avance vers lui sur le chemin de terre. Le chien se remet à aboyer.*

PÈRE

Ta yeule, tabarnac!

> *Mais le chien n'arrêtera qu'une fois que le père sera sur scène.*

J'ai pris un coup.

JAY

J'vois ça.

PÈRE

Y'est rendu fou, le chien. Faut j'le garde attaché tout le temps à c't'heure.

> *Longue pause.*

Bon ben… faut j'travaille demain.

JAY

Samedi demain.

PÈRE

J'suis sur les shifts.

JAY

Ah!
Le père va pour rentrer.
Sept ans pis c'est toute c'que t'as à me dire?
Pause.
Prends-toé une bière. C'est pas une de plus.
Pause.
Envoye don'.
Pause.

PÈRE

C'est pas une de plus.
Jay lui en lance une.
Fait que... pis toé?

JAY

J'suis sur la route. Construction. Des contrats icitte pis là...
dans l'Ouest, dans le Nord, aux États...

PÈRE

(L'interrompant:) As-tu vu ta sœur?... Tabarnac! Ça l'a pas
d'tête sur les épaules, ostie!
Pause.
Entéka, y'a pas de construction par icitte. Fait un boutte
qu'y'en a pas. Icitte ça ferme. King Lumber y'en a pus, pis
y'a deux shifts de coupés chez Brie, pis y'en a un de parti
chez nous.
Pause.

JAY

Mais là... m'as arrêter un boutte.

PÈRE

Arrêter quoi?

JAY

Travailler. J'ai mis de l'argent de côté. J'pense peut-être étudier. J'sais pas trop quoi encore…

PÈRE

(L'interrompant:) Ouain!
Pause.
T'as su que ton grand-père y'était mort? On l'a enterré à matin. 87 ans. C'est pas rien ça, 87 ans!

JAY

M'man me disait qu'y'en perdait un peu à fin?
Pause.

PÈRE

Un des premiers à venir dans le boutte icitte, tu-suite après la Première Grande Guerre.

JAY

Avez-vous encore le fusil qu'y racontait y'avait pris d'un général allemand?

PÈRE

On l'a enterré à matin. Dans le champ qu'y avait défriché. Y nous disait tout le temps ça: «Vous allez m'enterrer dans le champ que j'ai défriché en premier en arrivant icitte.»
Pause.
«C'est ben pour dire, qu'y disait, c'est ben pour dire.»
Pause.
Pis c'est ça qu'on a fait à matin.

JAY

Y'est à côté de grand-maman. J'ai passé par là avant de
venir icitte. J't'arrivé rien qu'hier en ville pis en débarquant
du bus... bang! J'tombe sur Vivianne Gagnon. A me dit:
« Ah! t'es revenu pour les funérailles? » J'ai fait l'saut. J'savais
pas de qui a parlait.
Pause.
Je l'aimais ben, t'sais. C'est lui qui m'a appris à pêcher le
doré pis... pis c'est-tu vrai c'qu'a dit m'man, qu'y'en perdait
un peu à fin?
Pause.

PÈRE

Quand c'est tu t'en vas?

JAY

J'sais pas trop encore.

PÈRE

Entéka, y'a pas de construction dans l'boutte. Ça s'peut
qu'y'en ait en allant vers Thunder Bay sur la 17, j'ai entendu dire ça, mais pas icitte. Icitte ça ferme.
Pause.
T'en retournes-tu chez ta mère?

JAY

J'pensais prendre le sofa pour à soir.

PÈRE

Ouain!
Longue pause.

JAY

As-tu gardé ma guitare? T'sais, j'ai rencontré un gars en
Californie qui en avait une pareille. Y devait de l'argent à
un *loan shark*, pis un jour qu'y avait pas pu payer, y'ont
coupé deux doigts de sa main gauche. Fait que y'a reviré sa
guitare à l'envers, changé les cordes de bord pis y'a réappris
à jouer les accords de sa main droite. Y disait tout le temps:
«J'joue mieux maintenant parce que c'est mon âme qui a
remplacé mes doigts!»

PÈRE

Si tu veux prendre le sofa, j'pense ben que tu peux l'prendre.

JAY

J'pourrais toujours aller au motel, mais si le sofa est là.

PÈRE

Ah! y'est là! Pour être là, y'est là!

JAY

Mais si t'aimerais mieux…

PÈRE

Moé? J'veux rien moé!
Pause. Jay se penche vers la caisse de bières.
T'en prends une autre?

JAY

Toé?

PÈRE

Faut j'travaille demain.
Pause.

32

JAY

J'vas aller au motel.
Pause.
À quelle heure qu'y ferme?

PÈRE

Ferme pas. Pas l'été.
Pause.

JAY

J'vas te voir demain?
*Longue pause. Jay se lève, ramasse son sac, fait quelques
pas et puis se retourne vivement.*
D'la marde, tabarnac!
*Jay jette son sac par terre, revient prendre deux bières
dans la caisse.*
Tu vas m'parler comme du monde. J'ai pilé sur mon orgueil
pour venir te voir, fait que pile sur le tien pis parle-moé
comme du monde! (*Jay débouche les deux bières et en dépose
une aux pieds de son père.*) Parle!
(*Le père vient pour se lever. Jay d'un geste brusque, le rassied.
Et puis d'un seul souffle:*) J't'ai fourré une volée v'là sept ans,
pis depuis c'temps-là j'ai charrié des briques pis j'ai cloué
des clous dans des frettes de moins trente. J'ai l'ventre
comme d'la roche pis j'ai les deux bras comme des barres de
fer, pis toé t'as vieilli son père. T'as vieilli!

CÉLINE

J'avais toute vu pis entendu du corridor qui donnait sur la
cuisine. Juste en sortant par la porte, t'avais dit: «M'as
l'tuer si j'le revois», pis t'étais sorti en plein hiver, pis en
pleine nuit. Pa était dans l'coin, à terre, y s'tenait 'a tête à
deux mains, pis y'avait du sang. Ta mère s'est mise à replacer

33

la table, à ramasser les affaires, le restant du souper. A faisait le ménage. Pis moé, j'avais toute vu du corridor, pis j't'avais entendu y dire, pis c'était en plein hiver pis en pleine nuit.
Pause.

PÈRE
J'ai enterré mon père aujourd'hui. J'ai pris un coup. J'ai pris un coup à l'hôtel, avec les mêmes gars que j'ai pris un coup la semaine passée… pis depuis dix ans. Non. Depuis vingt ans! Pis là, toé, tu veux que drette de même, j'te dise quelque chose, j'sais pas trop quoi, quelque chose d'important.
Pause.
J'suis fatigué, pis j'm'en vas dormir, OK?

JAY
(Dégonflé:) OK, OK…

PÈRE
J'travaille demain moé! OK?

JAY
OK!
Temps.

MÈRE
Ton père pis moé ça fait vingt ans qu'on s'est pas parlé d'autre chose que des comptes à payer. C'est dur à croire hein? On dit: ça se peut pas, pas tout ce temps-là, pas juste des comptes!… Ben oui, des comptes pis c'est toute! «C'est ben cher l'hydro c'mois-citte… Oublie pas de toute noter dans le livret en commun d'la caisse… Pourquoi t'achètes ça des "brocolis"? Tu payes plus, juste parce que ça l'a un nom italien… Faut-tu déjà payer l'hydro encore?… Le

34

vieux Béchard attendra pour son argent. Son gars m'a assez fait attendre la dernière fois j'ai fait réparer l'auto… L'hydro? Y'exagèrent, ces câlices-là! Si tu fermais les lumières dans chambre de bain pendant la journée aussi!» Quand j'y parlais d'autre chose, d'un programme de TV ou de j'sais pas trop quoi, soit y me répondait pas, soit y trouvait une façon de ramener ça à l'argent. Je regardais Dallas, lui disait de quoi sur le bill de l'huile à chauffage. Y'avait une nouvelle à radio à propos des Irlandais pis des protestants, lui y me demandait si le chèque pour la quincaillerie d'O'Brien avait passé.

Pause.

Tu penses j'exagère, hein? Ben j'exagère pas. Vingt ans. Ç'a pris un bout de temps avant que je m'en aperçoive. Le temps passe si vite. Un hiver en attend pas un autre. Tout à coup, ça n'en faisait cinq! J'ai essayé à un moment donné d'y en parler. Y s'est levé, y'est parti pis tout à coup ça n'en faisait huit. J'me suis fâchée un soir que j'avais pris un verre de trop… là, y m'a frappée avant de partir. Un hiver en attend pas un autre, pis les comptes ont été payés pendant vingt ans à tous les débuts de mois. J'ai pris mon trou. Y m'a laissé le prendre. Pis à c't'heure, ben que l'Yable l'emporte… que l'Yable l'emporte, lui pis ses comptes… que l'Yable l'emporte!

Pause.

J'ai failli avoir un chum après que t'es parti. On n'avait rien fait… encore. *(En riant:)* Depuis c'temps-là que j'ai mon dentier. Ton père est allé voir Jacques. C'est comme ça qu'y s'appelait. Y'est allé le voir au motel là où y restait. Y travaillait sur la construction comme toé, un contrat de deux mois. Ton père l'a réveillé au milieu de la nuit, y'a mis sa 22 entre les deux yeux, y'a pesé sur la gâchette pis y'a fait «Bang!» comme ça avec sa bouche. Tout le village l'a su avant moé que Jacques était sur le bus pour la ville c'matin-là.

Pause.

J'ai repris mon trou.

JAY

As-tu parlé à un avocat?

MÈRE

Y faut, hein?

Pause.

Ça me fait de quoi quand même, t'sais. Pas pour lui, comprends-moé ben, pas pour lui.

Pause.

Mais dans ma tête… dans ma petite tête… j'nous vois le jour du mariage pis, drette à côté… drette à côté, j'me vois où c'est que j'suis rendue aujourd'hui. Ça s'éteint d'un bord pis de l'autre. Tout autour de ça, y'a d'autres photos qui viennent, qui partent… de quand j'étais jeune fille, de quand t'es né, de quand y t'frappait… des fois ça va vite, vite, vite, pis j'suis toute mêlée en dedans.

Pause.

Je l'haïs. Comprends-moé ben, je l'haïs. Mais on dirait que je l'haïs pas comme y faut. Comme peut-être je l'ai pas aimé comme y'aurait fallu.

JAY

Pourquoi tu dis ça?

MÈRE

J'essaie juste de comprendre. Toé, t'es trop jeune. Tu veux pouvoir choisir entre le blanc pis le noir. Mais quand tu vieillis… sais-tu qu'on voit pus les années passer. Un hiver attend pas l'autre dans c'te pays à marde-là, mais plus tu vieillis, on dirait qu'y se rabouttent ensemble pis... J'ai juste 45 ans!

Temps.

PÈRE

Tu peux prendre le sofa, si tu veux.

JAY

J'voulais juste jaser.

PÈRE

Mais j't'avertis, j'me réveille de bonne heure, pis j'fais du bruit dans cuisine.

JAY

Y'auraient pu te donner la journée off, le lendemain des funérailles comme ça.

GRAND-PÈRE

Non. Y'a pas eu grand monde. Que c'est tu veux, y'en a ben de ceux que j'ai connus, y'ont déjà passé avant moé, y'ont déjà fait le saut. Pis parmi ceux qui restent, la plupart peuvent pas sortir pis marcher, fait que...

Pause.

JAY

Vous y allez pas?

MÈRE

Non, j'veux pas l'voir. Ça dérangera pas ben ben ton grand-père, pis les autres diront c'qu'y voudront. J'ai fait mon

37

petit tour au salon, hier, pis c'était déjà assez compliqué comme ça.

CÉLINE

C'tait mononcle Pat qui était chargé de le sortir pis de l'amener prendre une bière pendant qu'on faisait not' visite.

MÈRE

Une histoire de film, maudite marde! Quand eux autres sont sortis, Juliette me téléphone chez madame Brisebois pour me dire: «*The coast is clear.*»

CÉLINE

J'ai juste eu l'temps de dire quelques prières pis y fallait qu'on parte.

MÈRE

J'ai fait mon devoir, qu'on m'achalle pas avec ça. Déjà que la commère de Tremblay a me dit comme ça: «Ben vous venez juste de manquer vot' mari.» La truie! Était là juste pour voir si j'allais venir pis si on allait s'parler, lui pis moé.

CÉLINE

Pis à moé, a m'a dit: «Même si c'était pas ton vrai grand-père, y'a été ben bon pour toé quand même, hein?»

MÈRE

A t'a dit ça? Qu'est aguissable c'femme-là!

CÉLINE

Pis en sortant, je l'ai entendue dire, mais j'sais pas à qui parce que j'voulais pas me retourner pis qu'a s'aperçoive que j'l'avais entendue… a dit: «Au moins, la squaw qu'y'ont adoptée, y ont appris à prier comme une bonne chrétienne.»

MÈRE
T'aurais dû y faire avaler son chapelet.

CÉLINE
M'man!

MÈRE
A mérite pas mieux!

CÉLINE
Sa messe à lui est à onze heures. J'vas penser à lui icitte.

MÈRE
Hé! Y'avait été de l'autre bord pour la guerre pis toute, c't'homme-là! Y'a pas eu la vie facile, lui non plus.
Pause.

GRAND-PÈRE
Le curé y'a dit quelques mots à propos des hommes comme moé qui sont venus fonder le village, pis comment y'en restait pus. Pis après y sont partis, pis y m'ont laissé tranquille. C'est-tu vrai qu'y'ont mis de nos vieilles photos sur le mur du bureau de poste? Avec une petite plaque pis toute? Y'a dit ça le curé, qu'y avait là Bouchard, Briand, Paquette, moé pis quelques autres. J'te gage y'ont même mis c'te calvaire de Dieudonné St-Cyr… un maudit voleur de chevaux celui-là!
Temps.

PÈRE

Regarde dans l'sac.

Jay ouvre le sac et il en sort un vieux Luger allemand.

Je l'ai amené pour montrer aux gars à taverne. Pis tu l'crois-tu? Après que j'leur raconte l'histoire du vieux, c'te sacrament de Charbonneau là me dit de même: «Tu parles de la bullshit!» «Quelle bullshit?» j'y dis. «Ton histoire d'ostie de général, qu'y m'dit. Ton vieux l'a acheté quelque part comme tout l'monde là-bas, pis y t'en a beurré une bonne.» Tabarnac! Pis moé qui venait de l'enterrer. J'y dis: «T'es un moins que rien Charbonneau si tu respectes pas les morts.» J'y ai dit raide de même à part ça.

JAY

Y tire-tu encore?

PÈRE

Certain qu'y tire. J'ai failli le tirer dans' face à Charbonneau, v'là une heure.

Le chien se remet à aboyer.

JAY

Que c'est y'a, lui encore?

PÈRE

Y'est rendu fou, le chien. Pus personne peut l'approcher. Y te saute à gorge, t'arracherait 'a face dans cinq secondes. J'sais pas pourquoi j'le garde. J'y amène des os pis d'la viande. Même là, y me grogne après. Méchant de même, ça s'peut quasiment pas.

JAY

Y me reconnaît pus. J't'allé le voir, pis j'ai vu ça dans son œil qu'y me reconnaissait pas pis qu'y allait pas me reconnaître non plus.

PÈRE

Y te reconnaîtra pas non plus, certain! Rendu trop méchant. Faudrait j'le descende mais j'arrive pas à l'faire.
Temps.

MÈRE

Une fois, y'a garroché un rôti d'bœuf de 8 livres au chien. Câlice!
Pause.
Riez si vous voulez mais c'est vrai. Demande à Céline. A y'était, elle.

CÉLINE

C'est vrai.

MÈRE

Pis j'exagère pas une miette. 8 livres 3/4, le rôti y'était! Ça c'est sans compter les patates, les petits pois pis les carottes qui étaient dans le plat avec…

CÉLINE

Le monde pense qu'est folle quand a leur conte ça.

MÈRE

C'est vrai que j'tais folle. Folle raide! Le rôti, c'tait pour la fête de ta tante Juliette.

CÉLINE

Y faisait beau pis c'était la fin août, fait qu'y'avait pas trop de bibittes.

MÈRE

On décide de manger dehors. On s'fait une table avec quelques planches pis j'y mets la belle nappe, notre cadeau de mariage de ta tante Juliette, justement.

CÉLINE

On sort les bonnes assiettes, la coutellerie des fêtes pis toute la patente.

MÈRE

Ton mononcle Pat avait amené une bouteille de vin.

CÉLINE

Pa décide que c'est lui qui va l'ouvrir.

MÈRE

C'était pas un twist-top! C'était une bonne bouteille de vin français avec un bon vieux bouchon de liège français!... Le maudit *cork* à marde!

CÉLINE

Faut trouver un tire-bouchon.

MÈRE

Que c'est qu'on ferait avec un *corkscrew*, nous autres? MAIS… j'me souviens tout à coup, j'en ai un au fond du tiroir à junk. MAIS…

CÉLINE

Y'est cassé.

MÈRE

Y lui restait la partie comme une vis mais rien pour la tirer.
Ça l'arrête-tu ton père ça?

CÉLINE

Pantoute! Y va chercher une paire de pinces.

MÈRE

Y visse à main la patente dans l'bouchon, prend la paire de
pinces, tire dessus.

CÉLINE

'A moitié du bouchon sort.

MÈRE

Déjà là, tout l'monde autour de la table est en train de se
pincer les cuisses pour pas rire.

CÉLINE

Lui, tout c'qu'y dit c'est:

MÈRE

«Ces sacraments de français-là vont pas m'avoir de même.»
Ça nous fait pas rire encore plus ça, d'abord!

CÉLINE

Y revisse l'affaire dedans.

MÈRE

Y pousse trop fort, le bouchon rentre dans bouteille.

CÉLINE

Pis y'a du vin qui revole sur sa chemise propre.

MÈRE

Nous autres, on n'en peut pus, on a les deux mains sur la bouche pour se cacher.

CÉLINE

Parce que là, lui y'essaye à c't'heure de tirer sur le bouchon avec la paire de pinces.

MÈRE

Le vin revole… ta tante pis moé, on éclate.

CÉLINE

Y garroche la paire de pinces par terre.

MÈRE

Essaye de se verser le vin dans son verre quand même. Le bouchon le bloque. Y shake la bouteille un bon coup.

CÉLINE

Ça sort, renverse le verre sur la nappe, sur son pantalon. Là, y garroche la bouteille par terre. Tout l'monde est plié en quatre en train de se tordre.

MÈRE

Pis lui que c'est qu'y fait?
Pause.
Y s'énerve!… Y s'énerve!!!

CÉLINE

Y prend le rôti de bœuf dans une main, regarde ta mère pis

y dit: «Si tu t'fermes pas 'a yeule, ma sacramente, j'te garroche ça dans' face.»

Longue pause.

MÈRE

C'était dans ses yeux. Y'a toujours eu quelque chose de dur dans ses yeux. Même aux noces. Mais avant, c'était pas gros. Juste comme un petit trou noir où c'est qu'y'avait rien de vivant, pis où c'est que rien pourrait jamais vivre.

CÉLINE

Y'a pris le rôti pis y l'a donné au chien.

Pause.

MÈRE

C'était beau la Californie?

JAY

Pas disable.

MÈRE

Essaye.

JAY

Comme dans' vues.

MÈRE

Comme sur les cartes postales?

JAY

Pareil.

MÈRE

La mer? Les montagnes?

JAY

Les grosses villes pis les gros chars.

MÈRE

Les gars sur la plage avec les gros muscles.

JAY

Pis les filles avec les gros…

MÈRE

Jérôme! Parle pas d'même devant ta mère.

JAY

J'ai vu Charles Bronson.

MÈRE

Non!

JAY

Oui, oui… y sortait d'un magasin avec un paquet pis y'a embarqué dans sa limousine drette là en avant de moé.

MÈRE

Non!… C'est lequel ça, Charles Bronson?

CÉLINE

Celui qui tue tout l'monde.

MÈRE

Ça m'aide ça d'abord, c'est ça qui font toute la gang! T'as pas vu Bob Hope? je l'aime assez moé, Bob Hope. Bugs Bunny! As-tu vu Bugs Bunny? J'le mangerais moé, Bugs Bunny. Si jamais tu y retournes, tu y diras à Bugs Bunny: «Ma mère, a te mangerait toé!»

Pause.

Tu y retournes quand?

Temps.

JAY

Hé, y'est chargé! Les balles sont dedans pis toute!

PÈRE

J'devrais. Je l'sais j'devrais, mais j'y arrive pas.

JAY

Promène-toé pas avec ça de même. C'est dangereux. Surtout vieux comme y'est. Y pourrait partir pour un rien.

PÈRE

Tu l'crois-tu ça toé? Le sacrament de Charbonneau qui m'dit ça.

JAY

Tu peux te faire arrêter, le promener loadé de même.

PÈRE

Pis lui qui me dit en plus: «C'est vrai que t'as toujours mordu aux histoires de fou.» Tabarnac! J'venais d'l'enterrer!

JAY

Tu devrais le décharger tu-suite.

PÈRE

Ouain. Demain. Faudrait j'me décide d'y faire la job au chien, chrisse. Pis c'te câlice de Charbonneau-là. Tu l'crois-tu lui?!

JAY

Laisse faire.

PÈRE

Mon père, c'tait un homme! Pas comme toé, Charbonneau, assis sur ton cul depuis quinze ans, sur une *gimmick* de compensation à marde! Y'en avait pas de compensation quand y'est arrivé icitte lui, pis y'a failli y passer en tombant à l'eau au mois de février en traversant une charge de billots sur la rivière, pis la glace avait lâché là où a l'avait pas d'affaire à lâcher. Y'en avait pas de compensation, pis y s'est remis à travailler la semaine d'après, parce que sans ça y crevait de faim, pis c'tait toute. C'tait de même!
Pause.
Ouain. Laisse faire, tu vas m'dire.
Temps.

GRAND-PÈRE

Parce que c'tait hier… hier, j'avais 17 ans.
Pause.
On était le 20 septembre 1916, à Marcq en Baroeul en France. Y pleuvait à boire deboutte depuis le matin, pis ça faisait une heure que les Boches nous tiraient dessus. Ça pétait de tous les bords. Y'avait rien à faire. Tu t'serrais contre le mur de ta tranchée, le nez dans' bouette, pis t'attendais. Y'en avait qui priaient, y'en avait qui faisaient rien que répéter: «Maman! Maman!» pis y'en avait qui riaient pis qui sacraient contre les Boches pour s'en faire accroire.

Tout l'monde avait son petit truc. Quand quelqu'un craquait, on l'pognait pis on l'assommait pour pas qu'y s'sauve. Mais si y'était trop fort ou trop vite, y partait pis on le revoyait pus. Deux jours avant, y'en avait eu un qui était vite en batêche, un gars de Vankleek Hill, y venait de sauter la tranchée pis y criait: «Mon père est ben plus fort que le tien. Mon père assomme des bœufs avec son poing!» Y'a eu un sifflement, un éclair… quand j'me suis relevé la tête, y'avait un boutte du petit gars à cinq pas de moé. J'saurais pas te dire quel boutte. J'ai vomi drette là tout c'que j'avais mangé, pis ceux-là qui s'étaient retenus, y'ont lâché le paquet quand c'te morceau-là s'est mis à gigoter à cause des nerfs. Finalement celui qui était le plus proche l'a piqué avec sa baïonnette, comme si c'était un quartier de bœuf, pis l'a relancé en dehors. C'était pas ben ben catholique mais on était tous contents qu'y l'ait fait.

Pause.

Mais ça, c'était avant-hier… hier… hier, j'avais 17 ans. Encore vivant pis surpris de l'être. Trois ans avant, ma mère me donnait des becs avant que j'm'endorme. Pis là j'étais en enfer, trempé jusqu'aux os, le nez dans bouette, pis y fallait qu'on sorte, une fois le bombardement fini. Une histoire de patrouille perdue, ceux-là de Mactavish, le maudit Écossais à marde qu'on haïssait tant, pis qui nous haïssait *right back*, mais là on l'haïssait encore plus parce que c'était à cause de lui qu'y fallait y aller dans nuit noire avec notre peur bleue. Juste pas loin qu'on allait. «Pas loin», mon œil. «Go! Go!» qu'y nous fait l'officier, pis nous v'là à avancer dans bouette sans voir deux pieds en avant de nous autres. Ça grondait fort, mais c'était ailleurs sur la ligne. Y'en avait d'autres qui chiaient dans leurs culottes à c't'heure entre deux éclats. Quand t'à coup, les Boches nous rebraquent leurs canons dans notre secteur, pis v'là que ça recommence, pis nous autres comme des codingues en plein dans le *no man's land*. J'me garroche à terre si on peut appeler ça de la terre, pis j'me tasse sur moé-même comme un bébé qui veut dormir... Mais là, j'me rappelle d'un gars qui m'a conté que dans ces cas-là, trouve-toé un trou déjà creusé par une bombe parce que les chances sont qu'y en retombera pas une autre à même place. Fait que j'me mets à ramper, pis j'rampe, pis j'rampe dans' bouette, calé dans bouette, tout en m'disant que m'a l'étriper le gars si son histoire c'est pas vrai, mais quand j'm'en trouve un, ça m'fait rire parce que comment j'ferais pour l'étriper le gars si y'en avait une qui tombait icitte d'dans.

Pause.

17 ans... hier... J'sais pas comment longtemps j'ai resté dans c'trou-là. Y pleuvait encore plus fort, mais au moins les bombes ont arrêté à un moment donné. Au moins ça, que j'me dis. Mais comment m'as faire pour retourner à tranchée? Plus trop sûr où j'étais. Quand t'à coup, j'entends un bruit à trois, quatre pieds de moé, pis j'étais à veille de dire quelque chose quand j'y pense... t'à coup c't'un Boche! Si j'dis un mot, j'suis fait. Pis même si c'est un de nous autres, peut-être lui va m'prendre pour un Boche, surtout là dans le noir à pas voir presque tes propres mains... Mais là, j'avais bougé. Mon fusil a cogné contre de quoi, pis l'autre qui était juste là s'est arrêté net. Y m'semblait l'entendre respirer, mais ça devait être juste mon cœur qui me pompait dans' oreilles. Mais peut-être lui itou, y l'entendait. J'ai décroché le *safety* sans même faire «clic». Mais y'était debout ou est-ce qu'y rampait dans' bouette comme moé tantôt? Pis lui qui devait se poser les mêmes questions. On se flairait l'un l'autre, pis on savait même pas si on était du même bord. J'avais juste envie d'y

dire: «Même si t'es un Boche, OK on laisse faire?» Mais si y'en était un, j'étais fait. Pis lui, peut-être qu'y s'disait la même chose, mais dire qu'en plus, peut-être c'était Joe ou Richard Goyette qui m'avait donné une cigarette à midi… On rirait si c'tait ça. Pis pendant tout le temps que j'pensais à ça, j'essayais d'me décider où viser. Mais y'est debout ou à terre, c'maudit-là? Tout c'que j'sais, c'est qu'y'est juste là, j'pourrais y cracher dessus, pis si j'le manque ou j'le pogne rien que dans' jambe, c't'à lui à jouer pis j'suis fini. Mais moé, j'suis dans un trou. Y l'sait-tu ça, lui? Est-ce qu'y l'voit le trou dans' noirceur comme qu'y'a, à presque pas pouvoir voir tes deux mains? «Envoye, tire!» j'me dis. Mais c't'un Boche ou un chum, un autre petit gars comme moé qui sort de dessus une terre bénite par le curé d'la paroisse, pis que sa mère a embrassé avant qu'y parte? «Tire, bonyeu! Tire!»
Pause.
Là, y'a eu plein de lumière t'à coup. Une fusée blanche envoyée par j'sais pas quel bord. Pis je l'ai vu. Encore plus jeune que moé, j'pense. Les yeux sortis de tête de peur. Pis y'était allemand. Pis c'est moé qui l'a eu en premier. Ça fait un gros trou noir.
Pause.
J'ai aimé ça… «J't'ai eu, hein, mon câlice de Fritz?… J't'ai eu hein?»

JAY
Ça fait 70 ans de ça.
Temps.

PÈRE
(Parlant du fusil:) Remets-le dans l'sac. M'as l'rentrer.

JAY

C'est pas si dur que ça, me parler un petit peu.
Temps.

CÉLINE

Une fois, on était tous les deux dans' cuisine. J'étais après faire la vaisselle pis… j'sais pas pourquoi, ça juste sorti tuseul… j'y ai demandé si y nous aimait. Y'a fait semblant de pas comprendre.
Pause.
Pa… quand on meurt, on va-tu comprendre plus d'affaires?

PÈRE

S'posé.

CÉLINE

Grand-papa y va-tu savoir lire quand y va mourir?

PÈRE

J'sais pas. Ça s'peut.

CÉLINE

Y'a-tu des livres à lire en haut là?

PÈRE

Y doit.

CÉLINE

On va-tu être obligé d'les lire si on veut pas?

PÈRE

Pas si on veut pas, j'cré ben.

CÉLINE

Même les livres d'la messe pis la Bible, on va pas être obligé?

PÈRE

J'pense pas. Ça va être comme si on les savait par cœur de toute façon.

CÉLINE

Comme le *Notre Père* pis *l'Acte de contrition*?

PÈRE

Quelque chose de même, oui.
Pause.

CÉLINE

Tu nous aimes-tu Pa?
Temps.

PÈRE

Un gars fait pas toujours c'qu'y devrait. Un gars fait pas toujours c'qu'y pense. J'aurais voulu qu'on reprenne la terre, la terre de ton grand-père, toé pis moé. La repartir, la rebâtir, revoir des affaires pousser dessus. Avec mes bras. Avec tes bras.

JAY

T'en as jamais parlé avant.

PÈRE

J'attendais.

JAY

Quoi?

PÈRE

De toute façon, ça aurait pas pu marcher. Prend trop d'argent à c't'heure. Pis encore plus icitte à cause d'la neige qui peut t'tomber sur la tête au mois de juin, pis les gels qui peuvent arriver début septembre. J'tais fou d'y avoir pensé.

JAY

C'tait fou pour grand-papa d'être venu icitte pour ça en partant. Que c'est y'ont ben pu leur conter pour convaincre tout c'monde-là?

PÈRE

Une terre.

GRAND-PÈRE

Une terre. Toé, tu peux pas savoir c'que ça voulait dire ça dans mon temps. Oh! tu peux ben penser l'savoir, mais tu l'sais pas au fond, pantoute. Regarder d'un bord à l'autre pis pouvoir se dire: «C't'à moé, ça!» quand t'avais été élevé sur des patates pis d'la mélasse, pis à vingt autour d'une table. Comment quelqu'un qui a été élevé avec toute qui marche en pesant sur un bouton peut comprendre c'que ça voulait dire partir avec rien, pis s'en venir icitte où c'est qu'y'avait rien?

PÈRE

Tout c'qu'y avaient à leur promettre, c'tait ça: une terre!

JAY

C'est ça que t'aurais voulu, toé aussi?
Temps.

CÉLINE

(Lettre:) Pendant tout ce temps-là, on ne t'avait pas oublié,
tu sais. Quand Pa était pas là, ta mère nous sortait les cartes
que tu lui envoyais. Je m'en rappelle de celle de New York
City avec l'*Empire State Building.* Tu avais dessiné dessus
un petit bonhomme tout en haut et tu avais écrit «moi» à
côté. Je me rappelle aussi de celle du *Golden Gate Bridge* de
San Francisco, celle aussi des Rocheuses, celle avec un bison
dessus et une autre qui venait du désert. Moi, je voulais que
maman me les donne, mais elle ne voulait pas. Sa cachette,
c'était dans une petite boîte de biscuits en métal qui était
sous ses affaires de couture. Quand j'étais toute seule à la
maison, des fois j'y allais les chercher pour être certaine
qu'elle m'en cachait pas. Mais c'était surtout parce qu'elles
me faisaient rêver, tes cartes. En me couchant, je les re-
voyais dans ma tête et je me voyais y aller dans toutes ces
places-là. Une fois, Pa m'avait presque pognée avec. J'ai eu
la chienne pis c'est vrai cette fois-là.

MÈRE

J't'avais dit de pas y toucher aussi. C'est mes cartes, pis m'as
te les montrer quand moé j'veux! Pis j'veux pas d'espionne
dans ma maison!

CÉLINE

J'le referai pus.

MÈRE

Tu le referas pus, certain. M'as les embarrer en quelque part.

Pause.

T'aimes ça les regarder tu-seule, hein? Moé tou, y m'font rêver… Je l'haïs c'te place-icitte.

Temps.

JAY

T'as rêvé à ça, toé?

PÈRE

Ça devait être quelque chose pareil… arriver dans c'temps-là au milieu du bois. Le vieux y m'contait des fois comment y travaillait de six heures du matin à onze heures du soir, les jours que l'soleil veut rien savoir d'aller se coucher… Comment y s'endormait après, à belle étoile, en s'disant: «C'est d'la bonne ouvrage de fait ça monsieur.»

MÈRE

Je l'haïs c'te place-icitte. Je l'haïs, tu peux pas savoir. Pour mourir.

PÈRE

Ouain, y devait s'endormir en s'disant: «Demain m'as me rendre jusque-là, pis à fin d'la semaine, m'as avoir fini c'carré-là.» À chaque jour, tu vois c'que t'as fait, comment t'as avancé, pis tu t'poses pas de questions, parce que toute est là, drette là en avant de tes yeux. T'es en train de faire reculer une forêt, tabarnac! que ça fait des milliers, peut-être des millions d'années qu'est là!

MÈRE

J'haïs toute icitte. Toute. Nomme-le, pis j'l'haïs. J'haïs les
arbres. Les hosties d'épinettes. Rachitiques, grises pis tas-
sées comme dans une canne de sardines. On dirait qu'y
s'égorgent, qu'y s'boivent, qu'y s'mangent les unes les
autres... Pareil comme le monde.

J'haïs les rues, soit y vont au grand chemin pour
partir, soit c'est des culs-de-sac qui mènent à track d'la CN
ou au cimetière derrière l'église... Pareil comme le monde.

J'haïs les maisons parce qu'y se ressemblent toutes,
oui... pareil comme le monde itou.

J'haïs ça icitte parce que soit t'es dans l'hiver, soit tu
l'attends, pis parce que tout l'monde sait toute c'que tout
l'monde pense avant même que tout l'monde le pense...
Parce que c'est triste ça, câlice que c'est triste!

J'haïs les ciels au coucher du soleil à l'automne, pis
les aurores boréales, pis les matins de printemps, le jour que
toute s'met à dégeler... parce qu'y sont beaux ces
sacrements-là, pis qu'y devraient pas avoir le droit d'être
aussi beaux.

JAY

T'sais, y'a des trous pareils partout, sinon pires même.

MÈRE

Mais icitte, c'est spécial. C'est mon mauvais rêve à moé,
icitte. Je l'ai dans' peau. Je l'ai dans' os comme un cancer.
Temps.

PÈRE

La terre revenait à ton oncle, mon frère. Quand le vieux y'a
donnée, moé j'étais déjà dans l'bois, pis j'allais pas travailler
pour quelqu'un d'autre dessus.
Temps.

GRAND-PÈRE
Pourquoi tu la reprendrais pas?

PÈRE
C'pas à moé.

MÈRE
Le docteur y'a dit qu'y'avait pas de chance qu'y se remette?

GRAND-PÈRE
Ça l'air que non pis, même si y passait à travers, y pourra
pus jamais faire le travail que ça demande. Mais toé, tu
pourrais.

PÈRE
J'en ai du travail comme c'est là.

MÈRE
Combien y nous la laisserait?

PÈRE
Mêle-toé pas d'ça, toé!

GRAND-PÈRE
J'ai encore mon mot à dire là-dedans, pis j'peux te garantir,
parce que j'veux que ça reste dans' famille, que ça va être
plus que raisonnable en rapport au prix sur le marché.

PÈRE
Bon prix ou pas bon prix, on n'a pas l'argent.

GRAND-PÈRE
Ben oui, mais avec un peu de moé pis d'la banque…

MÈRE

Pis en se serrant la ceinture un peu plus que maintenant, même si y'en reste pus ben ben d'place pour serrer...

PÈRE

Que c'est j't'ai dit?

GRAND-PÈRE

Vous aurez même pas à vous la serrer trop. Est bonne, c'terre-là. Pis ton frère a ben dirigé ses affaires, y s'est démêlé pas pire dans toutes les histoires de quotas pour les vaches, surtout avec celles qu'y'a achetées à...

PÈRE

Justement, que c'est j'connais là-dedans?... Non. J'vois ça venir d'icitte, chaque fois j'ferais de quoi, tu me dirais: « Ben ton frère y'aurait pas fait ça de même! »

GRAND-PÈRE

Ben voyons...

PÈRE

Ça toujours été de même, pour que c'est faire ça changerait?... Pis de toute façon, j'suis pas prêt. J'ai une job payante comme c'est là. J'vois pas pourquoi j'me lancerais là-dedans. En plus qu'y'a la petite qui vient de nous tomber dessus.

GRAND-PÈRE

C't'idée aussi d'la prendre, elle, juste parce que le hasard a fait qu'une squaw arrive une nuit pis...

59

PÈRE

Ça, c'est pas d'tes affaires.
Pause.
Pour c'qui est d'la terre: c'est non.

GRAND-PÈRE

Ton dernier mot, ça?
Temps.

PÈRE

T'aurais jamais voulu toé, de toute façon.

MÈRE

Le pire là-dedans, c'est qu'y l'haït autant que nous autres.

JAY

Comment tu l'sais?

CÉLINE

C'est vrai qu'y l'haït autant que nous autres.

MÈRE

Pis y l'sait aussi.

CÉLINE

Autant que nous autres, y l'haït.

GRAND-PÈRE

C'est ben pour dire. Y l'a pas pris. Mon autre gars est mort pis on a vendu lot par lot, jusqu'à celui-citte, mon premier, qu'on a vendu à l'église pour le cimetière. C'est ben pour dire.
Temps.

JAY

T'as raison. J'aurais pas pu rester icitte, certain. J'aurais fini comme lui, enchaîné à icitte. Au fond, y doit être mort. J'mourrais moé. T'as raison, faut l'tuer pour qu'y meure pour de vrai au moins. Un bon coup drette dans' tête. Sentirait rien. Vite fait, bien fait. Te remercierait. Finie la douleur.

PÈRE

Quand j'déciderai, c'est c'que j'ferai.

JAY

Veux-tu j'le fasse ?

PÈRE

Tu fais rien. Tu y touches pas. T'as pus rien à faire icitte. T'en retournes-tu dans l'Ouest ?

JAY

T'as hâte que j'parte en tabarnac, hein ?

PÈRE

Y'a rien pour toé icitte.

JAY

J'resterai pas ben ben longtemps.
Pause.
J'pensais pas que ça m'ferait ça, revenir. Ç'a-tu une âme, Pa ? Penses-tu ? Ç'a-tu un ciel, Pa, un chien fou de même ? Pis si oui, si y'en a un... y va-tu rester fou comme ça, là-bas aussi ?
Pause.
T'aimerais-tu ça si j'te disais que je reviendrai pus ?

CÉLINE

Y l'haït autant que nous autres, sauf y'aime ça l'haïr.

PÈRE

C'est mieux que tu t'en ailles.

JAY

Demande-moé don' au moins pourquoi j'suis venu.
Pause.
C'est d'la chrisse de bullshit, ton histoire de terre... «Mes bras, tes bras, nos bras ensemble»... Chriss de bullshit! C'est toute c'que c'est!
Temps.

MÈRE

J'me suis réveillée un bon matin. J'ai fait son café. Je l'ai regardé manger ses toasts, avec son lunch que j'y avais fait sur la table à côté de lui. Pis quand y'est parti, j'étais décidée.
Pause.
C'était l'fun!

CÉLINE

Quand a m'a dit ça, tu-suite j'me suis dit, oui, c'est vrai, c'est ça qu'y faut faire. On avait jusqu'au bus de trois heures.

MÈRE

À dix heures, j'suis allée à caisse vider le compte en commun. À onze heures moins quart, j'étais de retour à maison avec trois belles valises neuves de chez Paquette, un *mickey* de Canadian Club pis le chapeau que j'avais vu dans' vitrine d'la mercerie à Jeanne Bigras, pis que j'aimais tant mais que j'avais toujours pas acheté, parce que j'savais ben

c'qu'y m'dirait si je l'avais fait… Mais là, je l'ai fait!
Pause. Elle met le chapeau.
On riait pis on buvait. J'paquetais pis j'me paquetais. J'avais
huit ans pis j'm'en allais pour la fin de semaine chez matante
Alma en ville à Sudbury.

CÉLINE
Le fer à repasser?

MÈRE
Pas de place.

CÉLINE
Mes disques?

MÈRE
Pas de place.

CÉLINE
Ton Kodak?

MÈRE
Oui.

CÉLINE
Ta collection de tasses pis de soucoupes?

MÈRE
D'la marde!

CÉLINE
Mes photos?

MÈRE
Pas de place.

CÉLINE
Mes photos!

MÈRE
Pas de place.

CÉLINE
MES PHOTOS!!!

MÈRE
Une autre boîte!

CÉLINE
Les bottes d'hiver?

MÈRE
Ben oui.

CÉLINE
La radio?

MÈRE
Pourquoi pas?

CÉLINE
Mes disques?

MÈRE
Pas de place… OK!

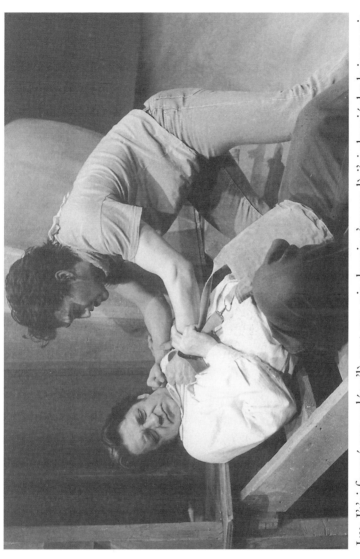

JAY: J't'ai fourré une volée v'là sept ans, pis depuis c'temps-là j'ai charrié des briques pis j'ai cloué des clous dans des frettes de moins trente.

MÈRE: Un hiver attend pas l'autre dans c'te pays à marde-là, mais plus tu vieillis, on dirait qu'y se rabourrent ensemble pis... L'ai juste 45 ans!

MÈRE: C'était beau la Californie?

GRAND-PÈRE : Pis je l'ai vu. Encore plus jeune que moé, j'pense. Les yeux sortis de tête de peur. Pis y'était allemand. Pis c'est moé qui l'a eu en premier

Père: J'vois dans tes yeux que tu t'dis : « J'devrais peut-être en faire autant avec lui. »

MÈRE: J'me suis toujours dit que t'avais une tête sur les épaules pis de l'avenir, pis que si ç'avait pas été de ton père, tu serais rendu ben plus loin que t'es rendu là.

CÉLINE: J'ai senti le vent qui rentrait par la fenêtre sur mon visage... Ça, je m'en rappelle... un vent chaud... Ça, pis la découpe d'la lumière sur le mur... Ça, pis l'chien qui jappait. C'était l'été passé.

71

De gauche à droite: Robert Paquette, Lionel Villeneuve, Hélène Paulin, Roger Blay, Roy Dupuis et Marthe Turgeon

CÉLINE

Taxi!

MÈRE

Mon Dieu, on n'a pas fait la vaisselle…
Pause. Elles se regardent et partent à rire.

CÉLINE

Oublie pas ta brosse à dents.

MÈRE

Par c'temps-là, j'étais bourrée aux as!… On a-tu toute,
câlice!?

CÉLINE

Deux boîtes de carton pis trois valises.
Pause.

MÈRE

Deux boîtes de carton pis trois valises. Deux boîtes de carton pis trois valises.

CÉLINE

On a pris le taxi jusqu'au village, pis le bus jusqu'en ville. Ta mère a dormi tout le long en bus.

MÈRE

C'tait l'fun, hein Céline? On devrait faire ça plus souvent.

CÉLINE

Deux jours plus tard, y'a téléphoné chez matante Juliette.

PÈRE
Sont-tu chez vous?

CÉLINE
A y'a dit: «Oui. Si tu veux leur parler…»

PÈRE
Non.

MÈRE
C'est comme ça que ça s'est fait. On y retourne-tu pour pouvoir recommencer?
Temps.

JAY
As-tu toujours été bucké de même? J'suis venu pour faire la paix. *That's not too hard to understand is it, for fuck's sake?!* Arrête don' de faire ta tête de cochon pour une seconde. Ça sert pus à rien. À quoi ça sert? À rien. Ça sert à rien. T'as fait ta vie, j'ai fait la mienne. *That's it, that's all.*

PÈRE
C'est toé qui commence.
Pause.
J'te l'ai dit: Y'a rien icitte pour toé.

JAY
J'suis venu pour faire la paix.
Temps.

CÉLINE
Jay? Tu dors pas? Y'est quatre heures et demie du matin.

JAY

J'pas capable. Va te recoucher.

PÈRE

C'est-tu assez clair?

CÉLINE

Tu penses à quoi? À demain?

JAY

Ouain.

PÈRE

Tu veux-tu un dessin?

JAY

J'ai envie pis j'ai pas envie. J'suis venu pour faire la paix.

CÉLINE

Pour lui ou pour toé?

PÈRE

J'suis tu-seul pis j'suis ben. Que c'est qu'y t'ont conté? Y t'ont conté de quoi?

CÉLINE

Tu devrais dormir.

JAY

Pas capable. Tout excité en dedans. Nerveux, excité. J'sais pas trop lequel. Le soleil commence à se lever. Regarde.

PÈRE

Tu-seul pis ben.

CÉLINE

Y'a pas changé, t'sais. Ou si oui, juste en pire.

JAY

Surtout, j'ai peur de m'fâcher.

CÉLINE

Y'en a pas de paix à faire avec lui. Tu fais pas la paix avec un ours blessé. Tu fais rien que t'en tenir loin jusqu'à temps qu'y crève.

PÈRE

C'est peut-être vrai que c'est d'la bullshit, mon histoire de terre. Mais peut-être ben que ça l'est pas non plus. Je l'saurai jamais de toute façon, pis peut-être c'est mieux de même.
Pause.

JAY

J'peux-tu y toucher à ton petit?

CÉLINE

Donne-moé ta main. J'sais pas si y va bouger à c't'heure icitte.

JAY

Hein? Ça bouge?

CÉLINE

Ben oui ça bouge, niaiseux! C'est vivant, t'sais. Tu savais pas ça?

JAY

J'me suis pas tenu souvent avec des femmes enceintes. Entre les chantiers de construction pis les chambres de motel,
c'est pas ça que tu rencontres... *(Vivement:)* TABARNAC
D'OSTIE DE CÂLICE!!!

CÉLINE

Sh! Tu vas réveiller m'man.

JAY

(Étonné:) Sacrament! *(Se touchant le ventre:)* Ça t'fait pas
mal?

CÉLINE

Non.

JAY

Envoye le jeune, lâche pas! Montre-moé c'que tu sais faire.
(Aussitôt et aussi vivement:) Saint calvaire de sainte crème
bénite!!!

CÉLINE

Sh!!!

JAY

On s'en va *shopper* à matin! Lui, y'a besoin tu-suite, pis ça
presse, d'un football pis d'un casque.

CÉLINE

Comment ça, lui?

JAY

Elle d'abord. Elle, a l'a besoin tu-suite, pis ça presse, d'un football pis d'un casque. Faut que tu les commences jeunes quand y'ont un talent naturel de même.

Pause.

Que c'est tu vas faire? As-tu des plans?

CÉLINE

Toé, t'en as-tu?

JAY

On parle-tu d'moé, là?

CÉLINE

Envoye, viens-t'en, tu devrais essayer de dormir. On va réveiller m'man si on continue...

PÈRE

Où c'est tu vas?

Temps. Elle s'apprête à partir. Jay la retient d'une main.

J't'ai demandé, où c'est tu vas?

CÉLINE

Casse pas mon fun, Jay. Casse pas mon fun en m'obligeant à penser à demain, pis à dans deux mois, pis... pis à dans vingt ans, maudit!

Pause.

MÈRE

A s'en va à messe.

PÈRE

J'te l'ai-tu dit ou j'te l'ai-tu pas dit?

MÈRE

Maudite tête de cochon, que c'est ça peut ben faire à c't'heure?

PÈRE

Tu m'parles pas de même devant elle!

CÉLINE

Tout l'monde veut savoir c'que j'pense faire! Pis ça d'ordinaire, c'est rien qu'une introduction à c'qu'eux autres pensent je DEVRAIS faire.

JAY

Aïe, toé! J'suis pas comme les autres. Insulte-moé pas! J'passe pas mon temps comme ceux-là d'icitte à parler de partir, pis à jamais me rendre plus loin que la prochaine broue. J'suis allé à New York, moé, ma petite fille. *I have seen the Big Apple. I have been around, covered the ground, made the rounds, heard them sounds, uptown and downtown. Don't you jive with me sister, I'm a mean motherfucker.*

PÈRE

Tu restes icitte. Les maudites commères qui arrêtent pas de parler derrière ton dos. Les tabarnac de vieilles pies.

CÉLINE

Quand j'vas à messe, c'est entre moé pis l'bon Dieu. Pis quand j'prie, c'est pas pour les mesdames Richard, Clément ou Tremblay.

PÈRE

Des vieilles corneilles avec des langues de vipères.

CÉLINE

Pis j'veux aller à confesse aussi. Fait longtemps. Des fois j'ai
peur d'oublier des choses quand y'a trop de temps qui
passe.

Pause.

MÈRE

Câlice! Si j'allais à confesse comme c'est là, j'aurais pas
grand-chose à dire. À part de «J'm'accuse d'avoir sacré,
mon père», ma vie est assez platte.

Temps.

CÉLINE

Vas-y pas, Jay! Reste icitte avec nous autres.

JAY

Y faut.

CÉLINE

Pas demain. Au moins, pas demain. On va aller shopper
ensemble, pis on fera un tour de la ville. On ira au lac,
tiens.

JAY

Quand je repasserai.

Pause.

CÉLINE

Faudrait que j'te dise quelque chose…

JAY

Quoi?

CÉLINE

Rien. Quand tu repasseras.

Temps. Le père la prend par le bras.

PÈRE

Tu l'sais c'que j't'ai dit pour la confesse! Pis pour la messe!
Pis pour quand tu t'en vas au village!

CÉLINE

Oui.

PÈRE

Essaye pas de jouer à fine avec moé.

CÉLINE

Non.

PÈRE

Pis pense pas c'est parce que j'ai peur de c'qu'y vont dire.
J'ai pas peur de rien, moé.

CÉLINE

Non.

Temps.

JAY

Écoute, faut j'te dise quelque chose…

PÈRE

Dis-le. J't'écoute. Mais attends-toé pas à rien de moé après.

JAY

Tu m'écoutes!? Y m'écoute! Alléluia! Y m'écoute!…. J'sais pus par quel boutte commencer..

PÈRE
Si tu l'sais pas ben…

JAY

OK! OK!… Sacrament!… C'est que… j'pars sur des ballounes, Pa… des ballounes écœurantes. J'parti d'icitte en courant, pis j'ai pas arrêté de courir depuis. Sept ans, t'sais. Sept ans de trips de fou d'un boutte à l'autre du Canada pis des États… *(Pause. Il boit et boira tout au long de son récit.)* J'travaille quatre, six semaines, deux mois; douze, quatorze heures par jour; pis j'me ramasse du *cash*, pis j'sacre mon camp, pis j'vire une brosse ou deux; pis j'suis *lucky* pour les jobs, ça pas d'bon sens. Quand j'commence à manquer d'argent, y'a toujours quelque chose de payant qui s'pointe. L'Amérique tabarnac! *Free Spirit* ostie! James Dean *Easy Rider* sacrament! Le bicycle à gaz au Texas câlice!… J'en ai eu un. L'ai gagné d'un noir dans une partie de cartes en Alabama où j'travaillais sur une pipeline. Y'avait moé pis ces trois noirs-là dans' chambre de motel où j'restais. Ça s'mélangeait pas beaucoup les noirs pis les blancs là-bas, mais moé j'm'en crissais. Tout l'monde m'appelait «Frenchie» de toute façon. Fait que moé j'm'en crissais pas mal de c'qu'y pouvaient penser. C'tait le soir d'la paye. Comme de raison, on était à bière, pis ça gageait fort. Une vraie *game*! Première paye, fait que, tu comprends, l'argent nous pesait trop dans' poches. Envoye, les *pots* montaient. Là, y'arrive une main. Y reste rien que moé pis c'gars-là. C'tait nous autres qui avaient perdu le plus dans' soirée.

Fait que c'était comme si les deux, on était décidés. *Do or die!* Envoye-z-y ça! Mais lui y'en manquait un peu pour me suivre, tu vois. Y m'dit comme ça: « *You'all maybe saw dat there moto'cycle in my yard.* » Y restait juste à côté dans un *shack*. T'aurais dû voir ça. Entéka, j'l'avais vu son bicycle, une vraie scrap. « *How's ya say Mother, I chuck dat bike in the pot here, and it's a call? You game, Frenchie?* » J'tais *game* certain! Même si j'savais que sa scrap valait pas les 75 $ qu'y'avait sur la table de trop. « *Go, baby, go!* » que j'y fais. Pis je l'ai gagné sa chrisse de *scrap*. Une vieille Harley des années cinquante, rouillée, maganée, ça faisait peut-être dix ans qu'a l'avait pas bougé. Y riait de moé, le gars, quand j'suis allé la chercher. Sauf que… sauf que moé, j'me suis mis dans' tête qu'a marcherait, tabarnac! J'connaissais pas trop ben la mécanique… Ben, j'allais l'apprendre! J'pouvais pas trouver les morceaux qui m'manquaient dans' magasins nulle part… Ben, j'allais les patenter moé-même pour les mettre à place! Tous les jours, j'travaillais deux, trois heures dessus après mon *shift*. Me suis même vu pas m'endormir pis m'enligner un trente heures, tellement j'tais décidé. Je l'ai toute défaite, la tabarnac, pis je l'ai rebâtie. J'ai nettoyé chaque piston, chaque valve, chaque *bolt*, chaque petite guédolle. J'ai changé tous les câbles, *reshiné* chaque boutte de chrome. Même qu'à un moment donné, le gars qui l'avait perdue est venu m'aider… y voulait la voir marcher lui itou. Pis quand j'ai fait mon premier tour avec… Oh chrisse! « *Lookin' fine, man… Lookin' mighty fuckin' fine, man …!* » J'me suis rendu jusqu'à San Francisco là-dessus. Cent milles à l'heure qu'a faisait sur les lignes drettes dans l'désert, la vieille Harley! Cent milles à l'heure! Pas un chat sur la route. Pas un nuage dans l'ciel. Chriss, le monde est beau à cent milles à l'heure. L'espace. J'roulais pas, j'flottais. J'flottais pas, j'volais. Un ange! Pareil comme un ange!

C'est à ça que j'pensais à cent milles à l'heure. Pas de casque. Le ciel tout bleu. Les montagnes…

PÈRE
Pas obligé d'avoir un casque là-bas?

JAY
Ben non. Pas de casque!

PÈRE
C'est niaiseux ça!

JAY
Que c'est tu connais là-dedans toé, chrisse?!

PÈRE
Que c'est ça l'a à voir avec revenir icitte, toute ça?
Pause.

JAY
Ça t'arrive-tu toé, de boire pis que ça te saoule pas? Tu bois pis tu bois, mais y'a rien qui s'passe. Sauf qu'au lieu de t'endormir, ça te réveille. Pis au lieu d'embrouiller les choses, y deviennent plus claires. Pis au lieu de t'enlever ton mal de tête, ça l'aiguise.
Pause.
Pis ça l'a toute à voir avec ça, tu l'vois pas? Si j'sais pourquoi j'suis venu? J'sais jamais pourquoi j'pars des places pis que j'reviens à d'autres! T'as pognes-tu? Jamais! *Free Spirit* ostie! James Dean *Easy Rider* sacrament! C'est ça que j'suis moé! Sauf… sauf après le bicycle, j'ai comme envie de faire autre chose, de pus toujours être entre deux villes ou entre deux projets de construction… mais j'sais pas c'est quoi… Fait

qu'un jour, j'me ramasse devant un comptoir de billets d'autobus pis, quand le gars m'dit: «*So where you goin'?*» j'y dis le nom du village icitte. «*Where the hell is that, for fuck's sake?*»... «*Ontario, you asshole!*» Mais c'est toé, mon tabarnac, que j'voyais. J'y avais même pas pensé avant. Mais j't'ai vu t'à coup, pis ça sorti tu-seul. Fait qu'y fallait. C'est toute! Deux jours, deux nuittes sur le banc en arrière à côté des toilettes en train de revoir ma vie pis la maison dans l'rang, pis la maison icitte, pis toé, pis à me demander: «Pourquoi je retourne là, câlice?»... Mal à tête tout le long, pis pas capable de dormir, juste de piquer des petits sommes de trente minutes au plus, même pas, pis le soleil qui re-monte, l'aube, pis c'est encore les plaines mais, à un mo-ment donné, ça l'est pus, ni le jour ni les plaines t'à fait, pis quand le soleil revient, c'est la forêt d'épinettes, pis j'me dis: «Ça commence à ressembler à chez-nous icitte!» Pis ça me surprend ça, «chez-nous»; j'ai dit: «chez-nous» pis, au fond, j'sais que je l'ai toujours pensé, même si je l'haïssais c'te place-icitte, pour mourir chrisse, pis j'me dis: «Peut-être c'est pour en finir une bonne fois pour toute avec c'te «chez-nous» là, tabarnac!...» Mais je l'sais même pas c'que ça veut dire au fond ça: «en finir avec»... Pis là, ça fait trois jours, trois nuittes que j'dors à peine, presque pas, tu vois-tu?... Trois jours pis trois nuittes, pis sept ans, pis y'a rien de changé chrisse! Ni toé, ni moé, ni la maison. C'est toujours pareil, pareil. Comme figé dans le roc. Toé d'un bord, moé de l'autre. Comme si j'étais dans un trou de bouette, le même trou de bouette que celui de grand-papa...

À un moment donné dans la dernière montée, lors du récit du voyage, le chien s'est remis à aboyer.

Pis tue-le, c'te tabarnac de chien-là! Que c'est t'attends? Y souffre pas assez à ton goût?

PÈRE

Y'est à moé, le chien!

Jay reprend le fusil.

JAY

Faut tu l'tues. Tu vois pas qu'y faut l'tuer!

Le père tente de le retenir, mais Jay le repousse brusquement.

PÈRE

Laisse ça. Laisse!

JAY

Tu vois pas qu'y'est malade… qu'y'est même pas juste malade… même pas juste fou… Y'est déjà mort! Tout c'qui
reste, là, c'est une boule de nerfs qui souffre.

Jay se dirige vers le chien. On entend un coup de fusil.
Puis deux autres. Le père ramasse un manche de hache
qui traînait à côté.

CÉLINE

Jay?!

GRAND-PÈRE

Ça te donnera rien ça.

MÈRE

Y'est parti. Y s'est en allé là-bas.

CÉLINE

J'voulais l'amener au lac. Ça y'aurait rappelé de beaux souvenirs, j'pense. T'sais quand y nous amenait tous les trois
en char quand y venait d'avoir ses licences… J'aime pas ça.

MÈRE

Quoi? Jay va essayer d'être gentil, son père y dira pas un mot. Y vont prendre un coup ensemble, son père y dira pas un mot. Là, y va dormir sur le sofa, revenir icitte demain matin en nous disant que son père y'a pas dit un mot. Y t'a fait des beaux cadeaux, hein?

CÉLINE

Y'aurait pas dû y aller.

MÈRE

Quand y va revenir demain, on va y aller au lac, tous les trois ensemble comme dans l'temps. En revenant, on s'achètera des frites au stand à patates à Joe, j'nous ferai des hot dogs, pis on mangera dehors, pis j'y dirai à Jay: «Oublie toute ça. Oublie toutes ces fois-là.» Pis lui va me dire: «Oui m'man. J'vas toutes les oublier m'man.»
Temps.

JAY

Redépose ça.
Pause. Le père ne le dépose pas.

GRAND-PÈRE

Mets ça à terre comme y te l'dit.

PÈRE

J'vois dans tes yeux que tu t'dis: «J'devrais peut-être en faire autant avec lui.»

JAY

J'le garde.

PÈRE

C'est pas à toé.

JAY

Y'est à moé pis tu l'sais! Ton père me l'a donné. T'étais là.

PÈRE

Tu m'haïs en tabarnac, hein?

JAY

Si tu savais… si tu savais comment j'aurais aimé ça pas
t'haïr. Si tu savais comment j't'haïs pas. Pis comment
j't'haïs!

PÈRE

Ouain… j'te blâme pas.
*Le père frappe violemment quelque chose avec le manche
de hache.*

GRAND-PÈRE

C'est ça, casse-le! Que c'est que t'as dans' tête, toé, des ro-
ches? Tu peux pas juste fesser parce que ça te prend d'un
coup!

MÈRE

Oublie-les, ces fois-là! Arrache-les d'ta tête!

CÉLINE

M'man, arrête.

JAY

Que c'est j't'ai dit? Dépose ça!

PÈRE

C'est comme si y'en a un autre en dedans de moé, pis quand c't'autre-là y sort…

MÈRE

La fois d'la tondeuse que t'avais pas demandé la permission.

PÈRE

J'peux tuer, dans c'temps-là.

MÈRE

La fois d'l'argent que c'était même pas vrai que t'avais volé, tu l'avais juste trouvé.

PÈRE

C'est comme un feu qui s'allume icitte. Ça me brûle dans' poitrine, pis y faut que j'fesse sur quelque chose ou sur quelqu'un pour que ça l'arrête… pour que ça s'éteigne.

MÈRE

La fois, j'ai menti à l'hôpital, je leur ai dit que t'avais été jouer sur le toit pis que t'étais tombé en bas. Personne m'a cru mais y'ont fait semblant.

PÈRE

J'sais pas trop d'où ça vient. Toujours été de même, j'cré ben.

MÈRE

La fois, y'a fallu j't'écrive une note pour l'école pour pas que tu sois obligé d'aller en gym à cause des bleus sur tes cuisses.

PÈRE

Après que c'est parti, tout c'que j'ai envie de faire, c'est de m'en aller dans l'bois.

MÈRE

Toutes les fois j'te laissais pas sortir chez les voisins à cause des bleus. Oublie-les toutes ces fois-là! Oublie-les!

CÉLINE

M'man!

PÈRE

Même l'hiver. J'prends mes raquettes pis j'crisse mon camp dans l'bois. J'me suis déjà vu partir à moins quarante, un soir de janvier, câlice! Des fois, j'me dis que si y'avait pas de bois, j'aurais fini dans un asile, fou braque. Souvent, quand j'pars de même, j'essaye de m'perdre. J'me dis que ça serait pour le mieux. C'est ça, j'me dis: «Envoye, perds-toé. T'es rien qu'un animal sauvage de toute façon.» Pis après, j'm'en reviens. Jusqu'à prochaine fois.

MÈRE

Y t'a fait des beaux cadeaux, hein? C'est un bon petit gars. Un bon petit garçon.

GRAND-PÈRE

Y'a le bien pis le mal, mon petit gars, t'sais.

PÈRE

C'est qui qui décide, le curé?

GRAND-PÈRE

Non, toé! Si tu te regardes dans l'miroir pis t'aimes pas c'que tu vois, c'est parce qu'y'est temps que tu changes tes façons.

PÈRE

J'ai vu ton grand-père juste avant qu'y meurt. Y'avait des tubes de *pluggés* dans lui, partout. Mais ça au fond c'tait moins pire, en quelque part, c'tait moins pire que les fois avant quand y'était juste étendu là, pis qu'y reconnaissait pus personne, pis pus rien, pis qu'y'avait de la bave qui y coulait de la bouche que les gardes-malades venaient essuyer de temps en temps.
Pause.

GRAND-PÈRE

Que c'est t'as à me regarder de même?

PÈRE

Rien.

GRAND-PÈRE

En train d'te dire comment c'est laid, un vieux? En train d'te demander si au fond c'est pas un miroir que t'as là en avant de toé qui te montre c'que tu vas avoir l'air?

PÈRE

Pas moé, chrisse! J'finirai pas de même, moé, chrisse!
Temps.
C'est quoi tu veux?

JAY

J'veux tu m'dises que j'suis correct!
J'veux tu m'dises que tu m'aimes!
J'veux tu m'serres dans tes bras, Pa!

PÈRE

J'peux pas. C'est trop tard.

JAY

Vieux chrisse!
> *Jay tire deux autres coups en direction de son père qui ne bronche pas.*

Vieux chrisse!
> *Pause.*

PÈRE

Fais-le pour de vrai à c't'heure, voir.

JAY

C'est pas que j'aurais pas des bonnes raisons, entéka.

PÈRE

Envoye. Pour de vrai, c'fois-citte.

GRAND-PÈRE

Reste pas icitte! Va-t'en!
> *Pause.*

JAY

T'oublieras jamais c'que j't'ai fait, hein? Bucké de même, ça s'peut pas. Coudon', t'es-tu vivant pour de vrai, toé? Ça fait comment longtemps que t'es mort? Faudrait peut-être j'le dise à quelqu'un pour qu'y'enlève ton nom des listes

électorales au moins, pis là eux autres pourraient le dire à ton boss, pis lui à m'man, pis j'suis sûr que parmi tout c'monde-là, y'a quelqu'un qui va penser à te l'dire à toé!
Pause.

JAY

Inquiète-toé pas, j'tire pas sur des cadavres.

GRAND-PÈRE

Jette le fusil!

JAY

Pis je reviendrai pus. Que c'est qui m'a pris de penser qu'y'avait de quoi icitte qui m'attendait? Si je reviens, ça va être pour t'enterrer… Ouain… m'as revenir t'enterrer. Six pieds en dessous. Non, même pas. Dix pieds. M'as le creuser le trou moé-même. Pis si j'arrive trop tard, pis qu'y l'ont déjà fait… sacrament! M'as t'déterrer pis j'vas en creuser un autre. Vingt pieds chrisse. Non, plus gros encore. Parce que m'as toute mettre dedans: ton linge, tes outils, toutes tes patentes, tabarnac! M'as enterrer ton char pis c'te chrisse de maison-là avec…

PÈRE

C't'assez!

JAY

Ouain, ouain. *(Parlant du manche de hache:)* Tu vas-tu revenir sur moé avec ça à c't'heure. Y me semble que j'me rappelle d'une fois où tu t'en es déjà servi.
Pause. Jay lance le fusil au sol.
Tu vaux même pas la peine. Tu l'feras toé-même.
Temps.

MÈRE

Pourquoi tu resterais pas un boutte avec nous autres, Jay?

CÉLINE

Reste don'!

MÈRE

Non. Même mieux que ça. On va partir ensemble en ville dans l'Sud. Avec l'expérience que t'as, t'auras pas d'misère à t'trouver une job pis, si tu veux retourner à l'école au lieu, ben tu y retourneras. Tu l'as dit que t'étais tanné de vivre dans un sac pis dans les motels. On sera pas dans ton chemin. Contraire! On va t'aider. Moé-tou, m'as ben m'trouver de quoi. OK, y va y avoir le petit de Céline, mais ça fait rien qu'un boutte ça. Après, elle itou a va pouvoir trouver de quoi. Pis toé tu pourras étudier tant que tu voudras. J'me suis toujours dit que t'avais une tête sur les épaules pis de l'avenir, pis que si ç'avait pas été de ton père, tu serais rendu ben plus loin que t'es rendu là. Pas que j'trouve que c'tait mauvais c'que t'as fait, c'est pas ça... C'est toujours bon les voyages, pis l'expérience, pis d'avoir rencontré plein de monde, pis de pouvoir parler l'anglais comme les Américains, pis toute ça... Mais tu pourrais tellement faire mieux, j'me mettrais la main dans l'feu.
Pause.
Ça serait juste pour le temps de s'installer si tu veux. C'est pas que j'veux te garder dans mes jupons, câlice! J'suis pas l'genre. J'ai jamais été mère poule, tu l'sais ben. De toute façon, ça m'intéresse pas, j'te l'dis tu-suite, de passer ma vie à laver tes chaussettes, pis à t'faire cuire ton steak haché. Je l'ai assez fait, merci! J'ai ma vie à vivre à moé aussi, câlice! Ça fait que ça serait juste pour commencer qu'on s'prendrait un logement ensemble, tu vois. Juste pour commencer,

pour s'donner un pied à terre, solide. Pour s'sauver de l'argent, pour que ça soye moins dur. Pis quand on aura fait nos premiers pas, là, ben tu crisseras ton camp, pis tu prendras un appartement à toé. Mais ça va être moins dur parce que tu vas avoir déjà fait les premiers pas...

Temps.

PÈRE

Ramasse-le. Vise pis tire!

MÈRE

Fais attention avec ça, toé! Y'est ben trop jeune pour apprendre à tirer de toute façon.

PÈRE

Mon père y'a donné. Fait que y'est mieux de savoir s'en servir comme y faut.

MÈRE

C't'idée aussi de donner ça à un enfant. Une vraie famille de fous, vous autres!... Regarde comment y l'tient!... Y'a sept ans, bonyeu!

PÈRE

Y'est vide!

MÈRE

Jay! Rentre icitte tu-suite! tu-suite, j't'ai dit!

PÈRE

Occupe-toé pas d'elle. M'écoutes-tu?

MÈRE

C'est ça. Fais-le brailler en plus.

PÈRE

Ti-chrisse! Redonne-moé ça!
Temps.

JAY

Y'est tard. J'vas aller au motel. Faudrait peut-être l'enterrer, lui, avant demain.

CÉLINE

(lettre:) Cher Jay,
Je me souviendrai longtemps de cette journée que j'ai passée avec toi.
> *Pause. Le père dépose le manche de hache, ramasse le fusil et le lance à Jay, qui l'attrape.*

PÈRE

Je l'veux pus.

CÉLINE

Je n'avais pas ri de même avec quelqu'un depuis je ne me rappelle plus, et ce n'était pas juste à cause du *rhum and coke*, je suis certaine.

JAY

Moi aussi, Céline, j'ai bien aimé ça. J'y repense souvent. J'ai le temps.

CÉLINE

À un moment donné, comme tout l'monde, tu m'as demandé ce que j'allais faire. Mais, pas comme tout l'monde, tu ne m'as pas dit ce que je DEVAIS faire.

PÈRE

Garde-le.

CÉLINE

Ta petite farce sur le couvent était bien drôle, encore plus drôle que tu penses. Tu y crois-tu dans le bon Dieu, toi, Jay?

JAY

J'sais pas. Penses-tu j'devrais?

CÉLINE

Moi, oui. Mais ici, j'ai envie d'écrire que je ne suis pas sûre que lui croit dans moi par exemple.

PÈRE

Y'est pas à moé d'toute façon. C'est vrai qu'y te l'a donné.

GRAND-PÈRE

Reprends-le pas.

CÉLINE

Ça, c'est peut-être un blasphème, mais Jésus en a fait un aussi gros sur sa croix: «Père, pourquoi m'abandonnez-vous?» Une fois, je suis allée à une de ces fins de semaine de retraite charismatique.

JAY
T'as fait ça?

CÉLINE
Les gens disaient qu'ils avaient la Lumière en eux et un tas d'autres affaires comme ça. Je ne dirai pas que c'était toutes des niaiseries mais, en tout cas, j'en ai pas vu de Lumière. Et ce n'est pas parce que je ne voulais pas. Mais je n'ai rien dit parce que je ne voulais pas me faire achaler. Au fond, je trouvais tout ça… comment dire?… trop facile. J'ai dix-sept ans. Je suis enceinte et il n'y a rien de facile pour moi. Ça fait que je prie. Quand je travaille autour de la maison, quand je fais le ménage ou de la popote, ou quand je tricote, je m'invente des prières ou bien encore des chansons comme des cantiques ou comme les chants des négresses du Sud où t'as été, pis qu'on voit des fois à TV. Ça me fait du bien. Le bon Dieu, y me répond pas. Mais ça fait du bien.

> *Temps.*
>
> *Chanson de Céline. Elle en chante une partie avant que le père se remette à parler. Puis elle continue en sourdine durant son récit, peut-être en élevant la voix pour ponctuer certains passages.*

Ô Seigneur! Ô Seigneur!
Délivrez-moi de ma peur.
Ô Seigneur! Ô Seigneur!
Allégez mon pauvre cœur.
Souris-moi. Parle-moi.
Protège-moi. Montre-moi.
Guide-moi sur le chemin
Qui mène à Ta montagne.
Lave-moi. Parfume-moi.
Berce-moi. Guéris-moi.

Que je puisse enfin
'voir la paix dans mon âme.
Que la nuit se retire, Seigneur!
Que la Lumière vienne.
Et que je sois sauvée, Seigneur!
Oui, je veux être sauvée.
Ô Seigneur! Ô Seigneur!
Sauvez-moi de ma détresse.
Ô Seigneur! Ô Seigneur!
Pardonnez mes faiblesses.
Souris-moi. Parle-moi.
Protège-moi. Montre-moi.
Apaise-moi ma soif
'vec l'eau de ton Amour.
Lave-moi. Parfume-moi.
Berce-moi. Guéris-moi.
Donnez-moi la force
De tuer le chien pour toujours.
Que la nuit se retire, Seigneur!
Que la Lumière vienne.
Et que je sois sauvée, Seigneur!
Oui, je veux être sauvée.
Il te faut me sauver, Seigneur!
Il me faut être sauvée.
        Temps.

PÈRE
Sais-tu c'que j'ai fait? Tu l'sais-tu?

JAY
Y'est tard.

PÈRE

On venait juste de déménager icitte. C'tait au mois de mars. Toé, t'avais sept ou huit ans. Pis vous étiez en ville, ta mère pis toé pour la fin d'semaine. Dentiste… famille, quelque chose de même. C'tait une des pires tempêtes de l'hiver. Je regardais la TV quand ça cogne à porte. C't'un homme, un Indien avec une Indienne enceinte. « *Got to phone*, l'homme y me dit. *She's havin' the baby.* »

JAY

J'la connais l'histoire de quand Céline est venue au monde si c'est ça que…

PÈRE

Laisse-moé le conter.

CÉLINE

Laisse-z'y le conter.

PÈRE

Fait que j'les laisse entrer. « *Was tryin' to get to the hospital, ya see.* » J'ai amené la femme tu-suite sur notre lit. « *Goddamn car swerved in front of us, we went down into the ditch just over here. Fuckin' asshole didn't even stop!* » Là, à lumière pis proche d'elle, j'ai vu que la femme, ben c'était vraiment une fille. J'veux dire, a l'avait l'air d'avoir dix-huit ou dix-neuf ans, même pas. J'sais pas trop. Ben, t'sais jamais trop avec eux autres, les Indiennes. Ça vieillit pas pareil, on dirait. Était jeune entéka. Pis déjà dans ses douleurs. L'autre, l'Indien, y'avait pas l'air plus énervé que ça. Comme si y'était plus en tabarnac pour son char. « *You the father?* » que j'y demande. « *Hell no!* » Pis là, je l'entends, elle. A s'est

100

mise à crier! Là, j'pense: «Tabarnac! A va accoucher icitte, chrisse!» «*Let's get in my car and go*», j'y dis. Mais lui, y'était déjà au téléphone avec le docteur qui lui posait toutes sortes de questions, j'pense ben, parce que quand y raccroche, y m'dit, l'Indien: «*He don't want us to move her. He says he's comin' on a skidoo. 'Cause I says to him how bad the roads are.*» Pis quand on va dans' chambre, y m'dit: «*She don't look good, ya know. Had a sister that died like that, two, three years back.*» Pis c'est vrai qu'a l'avait pas l'air ben. Mais je l'sais-tu, moé, que c'est c'est s'posé d'avoir l'air une femme qui accouche?… Mais c'est l'Indien qui avait raison. Quand le docteur y'est arrivé, y l'a vu tu-suite. Y'a sauvé la petite. A l'avait quinze ans, le docteur m'a dit. Pis y'a sacré une shot contre l'Indien… l'a traité comme du poisson pourri … de tous les noms. Est morte en me serrant le bras… Pis…

JAY
Pourquoi y me conte ça?

CÉLINE
Attends. C'est pas ça qu'y veut t'conter.

PÈRE
Pis a me serrait… Quand j'la revois, c'est comme si sa main était toujours là. Pis a me regardait… Pis ben… j'la connaissais pas pantoute… mais c'est comme si un boutte de son âme était dans' petite… pis un autre boutte…
Pause.

PÈRE
Pis c'est ça qui s'est passé. A l'a eue, la petite. Pis est morte… pis la petite, a criait…

CÉLINE

(Doucement:) Que c'est tu fais, Pa?
Pause.

PÈRE

Pis sais-tu c'que j'ai fait l'été passé?... A criait... A criait...
«Que c'est tu fais, Pa?»

CÉLINE

(Doucement:) Que c'est tu fais, Pa?
Temps.

PÈRE

«Que c'est tu fais?»... pis je l'ai frappée. «Arrête, Pa!» qu'a
criait... pis je l'ai refrappée.

CÉLINE

Après ça, pis jusqu'à c'qu'y ait fini, j'ai pus rien dit...

PÈRE

Mais je l'ai refrappée quand même.
Pause.

CÉLINE

Pis j'ai pas braillé non plus. J'étais pas niaiseuse, j'savais ce
qu'y faisait. Mais j'ai pas braillé. J'avais la tête par en arrière
le plus que j'pouvais. J'donnais pas des coups, mais je for-
çais fort, fort, le plus que j'pouvais. Pis mes yeux aussi...
j'les ai pas fermés, parce que là y'aurait fait noir, pis j'voulais
pas qu'y fasse noir. J'les ai envoyés le plus par en arrière que
j'pouvais. Fait que j'voyais juste le mur en face d'la fenêtre.
J'voyais la découpe d'la lumière sur le mur d'en face. Pis j'ai
pas fermé les yeux une fois, pis j'ai pas braillé non plus. J'ai

senti le vent qui rentrait par la fenêtre sur mon visage…
Ça, je m'en rappelle… un vent chaud… Ça, pis la découpe
d'la lumière sur le mur… Ça, pis l'chien qui jappait. C'était
l'été passé.

> *Temps. Jay tire son père, trois fois, mais celui-ci ne tombe*
> *pas.*

MÈRE

On est parties de là-bas au printemps, mais j'savais pas ce
qui était arrivé.

> *Le grand-père reprend le fusil des mains de Jay.*

GRAND-PÈRE

C'tait hier… hier, j'avais dix-sept ans…

> *Il reprend en chuchotant le texte de son récit de guerre.*

CÉLINE

C'tait l'été passé. Fait que c'est pas lui le père de mon bébé.
Mon gars à moé, c'tait c't'hiver, dans l'temps des fêtes, dans
une chambre du motel sur le grand chemin. Mon gars à
moé, y'était saoul… mais pas lui… Lui, y'était à jeun. Mon
gars à moé, non. Pis moé non plus. Mais moé, j'étais pas
trop saoule. Juste assez.

> *Temps.*

JAY

Câlice! Câlice! Câlice! Pis moé?

> *À chaque «câlice», Jay touche la poitrine de son père. Là*
> *où il touche apparaît le sang sur sa chemise blanche du*
> *dimanche.*

NOIR

CHOIX DE JUGEMENTS

«Le jury a choisi *Le chien* pour ses qualités d'équilibre: structuration ingénieuse où se mêlent les époques et les scènes; pour ses qualités de style: langage dru, serré, juste et douloureusement sincère; pour sa technique audacieuse: alternance de scènes drôles et dramatiques, effets scéniques surprenants, d'une grande efficacité. [...] Une pièce forte et qui ne fait pas de cadeaux.»

Jury, *Prix du Gouverneur général*, 1988

«Ainsi l'action ne cesse de se tisser, reconstituant avec une densité saisissante la vie de trois générations, révélant la psychologie des personnages, leurs relations, le drame, tissu riche de multiples thèmes dont la vie difficile, le temps qui fuit, la mort, l'après-vie, Dieu, l'amour, l'absence d'amour, la haine, la violence, la folie peut-être... l'amour et la haine pour la terre refusée par le père pour un travail plus facile et sûr, qu'accompagne une tentation trop tardive et sans doute utopique, de reprendre cette terre pour la conserver et en vivre...

[...]

«Vous aurez la gorge serrée, vous aurez peur, vous aurez pitié (comme à une tragédie grecque), vous pleurerez peut-être, vous sourirez, rirez même, car il y a du comique ici et là, un comique souvent féroce, lié à l'action par le propos des personnages, ou à leur manière d'exprimer leur pensée. Et tout ça dans une langue très belle, parce que très vraie, une langue populaire, telle que Dalpé sait qu'on la parle, une langue bien près de celle du Québec et d'autres provinces canadiennes, avec pas moins de blasphèmes qui n'en sont pas vraiment, pas tellement plus d'anglicismes — et seulement quelques phrases entières en anglais, naturelles chez ce fils qui a séjourné dans l'Ouest canadien et en Californie. Langue vivante par laquelle les personnages s'expriment fortement et véhiculent parfois une profonde pensée.»

André Fortier, *Liaison*, 1987

«Pour s'éloigner d'un père muet et brutal et de la vie sur une terre aride, Jay a tourné le dos à ces environs désolés de Sudbury pour courir les routes vers New York et la Californie, travaillant quelquefois ou flambant sa jeunesse, sur un bicycle à gaz gagné au jeu, à la recherche du rêve de Kerouac, de James Dean et d'*Easy Rider*. Et Jay, après sept ans, revient, sentant toujours sa blessure, se persuadant peut-être qu'il va forcer son père, pour une fois, à parler, à l'aimer. Et le père, qui reproche à son fils d'avoir déserté une terre que lui-même déteste et maudit, le père seul et ivre qui ressemble de plus en plus au vieux chien fou de la maison, enchaîné, devenu féroce et qui ne cesse de gronder, rejette une fois de plus ce fils revenu déranger sa solitude et sa détresse d'«ours blessé».

«Les personnages et leurs relations les uns avec les autres sont ici dessinés avec beaucoup de force et d'habileté. [...] ces personnages témoignent tour à tour de leur condition avec une authenticité rendue plus vive encore par leurs apparitions successives dans un temps éclaté, un récit achronologique, une musique discrètement appropriée, un espace de bois et de vraie terre.

[...]

«Il y a [ici] la densité de conception, de construction et d'écriture d'un auteur de 30, dont cette première pièce a déjà la vigueur d'un Steinbeck.»

Alain Pontaut, *Le Devoir*, 1988

«Pièce en un acte, *Le Chien* aborde le thème de l'incommunicabilité entre un fils et son père, sous l'angle d'une confrontation où les bouleversements sauvages empêchent toute complicité de s'immiscer dans les rapports. Dominé par la haine, la passion et le souvenir, l'affrontement provoque une tension insoutenable, quelque part entre le spectacle et la mort, omniprésent dans le texte, et les images saisissantes de l'action, prisonnière d'un temps suspendu, à l'épreuve du changement.

[...]

«En fait tout est au beau fixe dans cet univers ravagé qui impose progressivement son implacable destin. Cette roulotte, que personne n'a eu le courage de déplacer, elle, qui pourtant véhicule l'espoir d'un ailleurs possible, n'est plus que le symbole de l'immobilisation de ces êtres voués à une fatalité tragique.

[...]

«Le texte de Dalpé est construit de paroles étouffées et de silences imposés par l'infranchissable distance, actualisée par le conflit des générations, qui divise le père et le fils.»

Louis Bélanger, *L'Orignal déchaîné*, 1989

«L'intensité et le rythme du texte sont pour le moins saisissants. Pour les cinq personnages il n'y a pas de verbiage inutile. Leurs mots crus semblent baigner dans la bave en fusion d'où jaillissent des postillons incendiaires. Les dialogues ne font qu'un avec l'action et atteignent d'abord le spectateur en plein ventre, puis, des silences merveilleusement bien dosés donnent juste le temps qu'il faut pour reprendre son souffle. Les personnages franco-ontariens apparaissent dans ce qu'ils ont de vivant, d'organique et non comme des objets folkloriques.

«Dalpé a eu l'intelligence, ou le flair, d'éviter les pièges de l'exagération et de la rationalisation. Bien que décrivant le vécu de trois générations d'une famille franco-ontarienne, la pièce ne cherche pas à expliquer ou à donner les raisons de ce vécu. Elle en témoigne seulement.»

Léo Beaulieu, *Le Droit*, 1989

BIOGRAPHIE

1957   Jean Marc Dalpé nait le 21 février à Ottawa, Ontario. Il fait
        des études primaires aux écoles St-Ménard, à Deschênes et
        St-Raymond, à Hull (toutes deux au Québec), puis des études
        secondaires au Collège St-Alexandre à Limbour, toujours au
        Québec, à l'Académie de la Salle et à l'école secondaire de la
        Salle, à Ottawa en Ontario. Il reçoit son diplôme d'école
        secondaire en 1973.

1973-1976
        Il étudie à l'Université d'Ottawa en art dramatique et reçoit
        son baccalauréat en 1976.

1977   Le Conseil des Arts de l'Ontario lui accorde une bourse pour
        jeunes auteurs dramatiques pour sa pièce *Déguises-toé pis crie*.

1979   Dalpé reçoit son diplôme de finissant du Conservatoire d'art
        dramatique de Québec. • Jean Marc Dalpé publie un premier
        recueil de poésie, *Les Murs de nos villages*, aux Éditions Prise
        de parole à Sudbury. • Avec Robert Bellefeuille, Roch
        Castonguay et Lise L. Roy, il fonde le Théâtre de la Vieille 17
        à Rockland, qui se voue au développement du théâtre de
        création dans l'Outaouais ontarien. • Il participe à la création

du premier spectacle de la Vieille 17, *Les Murs de nos villages*, qui connaît un vif succès.

1980   La Vieille 17 décide de prolonger l'aventure des *Murs de nos villages*, en en produisant une deuxième version, augmentée des contributions de trois nouvelles comédiennes: Hélène Bernier, Anne-Marie Cadieux et Vivianne Rochon, qui se joignent à la troupe. • Dalpé joue dans *Les neiges* de Michel Garneau, une production du Théâtre de la Vieille 17.

1981   Jean Marc Dalpé travaille comme animateur provincial du secteur professionnel de théâtre, pour Théâtre Action à Ottawa. • Dalpé joue dans *Quelques mots au bout d'un crayon*, un one-man show produit par le Théâtre du Nouvel-Ontario. • Dalpé joue dans *La Mesure humaine*, de Paul Doucet, une coproduction du Théâtre de la Vieille 17 et du Théâtre de la Corvée, à Ottawa. • *Gens d'ici*, son deuxième recueil de poésie, est publié aux Éditions Prise de parole à Sudbury.

1982   Dalpé suit un stage de clown à l'École Philippe Gaulier, Paris. • La pièce *Les Murs de nos villages* est publiée aux Éditions La Ste-Famille, à Rockland. • Avec Brigitte Haentjens, il coécrit *Hawkesbury Blues,* qui est créé le 20 février au Théâtre de la Vieille 17. • Dalpé se joint à l'équipe du Théâtre du Nouvel-Ontario (TNO) et déménage à Sudbury. • *Hawkesbury Blues* est publié aux Éditions Prise de parole. • Jean Marc Dalpé et Brigitte Haentjens écrivent *Un petit bout de stage* pour le TNO; Jean Marc joue le rôle de Plouc dans cette pièce de clown. • Jean Marc Dalpé joue dans *Les Porteurs d'eau*, de Michel-Marc Bouchard et dans *Histoires de pleine lune*, de Denis Couture, deux productions du Théâtre du Nouvel-Ontario.

1984   Avec Brigitte Haentjens, Jean Marc coécrit *Nickel,* qui est créé le 4 mars au Théâtre du Nouvel-Ontario; Jean Marc y joue le rôle de Youssaf. • *Nickel* est publié aux Éditions Prise de parole à Sudbury. • *Et d'ailleurs*, son troisième recueil de poésie, est publié aux Éditions Prise de parole. • *La cuisine de la poésie présente: Jean Marc Dalpé*, une audiocassette sur laquelle Jean Marc livre ses poèmes sur différentes musiques, est produite par les Éditions Prise de parole. • Dalpé joue dans *Entre-deux*, un spectacle d'initiation à la poésie destiné aux adolescents et aux adultes; la production du Théâtre du Nouvel-Ontario est en tournée à l'automne en Ontario et dans l'Ouest canadien.

1985   En collaboration avec Robert Marinier et Robert Bellefeuille, Jean Marc écrit la pièce *Les Rogers,* créée au Théâtre du Nouvel-Ontario et au Théâtre de la Vieille 17 en collaboration avec le Théâtre français du Centre National des Arts, à Sudbury, le 16 février; Jean Marc joue le rôle de Denis dans ce spectacle qui effectue une tournée ontarienne. • *Les Rogers* est publié aux Éditions Prise de parole.

1986   Jean Marc Dalpé participe à la lecture publique de *Tourist Room No Vacancy*, pièce de Yves Gérard Benoît; la mise en lecture est une production du Théâtre du Nouvel-Ontario de Sudbury.

1987   Dalpé participe avec Patrice Desbiens à la création du spectacle *Dalpé-Desbiens*, où les deux poètes mettent leurs textes en scène. Une production du Théâtre du Nouvel-Ontario. • Sa première pièce solo, *Le Chien,* est présentée en lecture publique lors du Sommet de la francophonie à Québec, en septembre, et à Montréal, également à l'automne. • La pièce *Le Chien* est publiée aux Éditions Prise de parole. • Jean Marc Dalpé est auteur en résidence à l'Université d'Ottawa. • Dalpé coécrit avec Brigitte Haentjens une adaptation pour la scène du roman *Pylone* de William Faulkner.

1988   *Le Chien* est produit à Sudbury par le Théâtre du Nouvel-Ontario. • Jean Marc Dalpé reçoit le Prix du Nouvel-Ontario. • Jean Marc Dalpé remporte le Prix du Gouverneur général, catégorie théâtre, pour sa pièce, *Le Chien*. • Jean Marc Dalpé joue dans *Les Archanges* de Dario Fo, une coproduction du Centre national des Arts à Ottawa et de la Nouvelle Compagnie Théâtrale de Montréal. • Jean Marc Dalpé participe à la création du spectacle *Cris et Blues* au Théâtre du Nouvel-Ontario à Sudbury en octobre. Conçu par Brigitte Haentjens et réunissant, outre Dalpé, les interprètes Marcel Aymar, Marc Cholette, et Sylvain Lavoie, le spectacle présente des textes poétiques de Marcel Aymar, Jean Marc Dalpé, Patrice Desbiens, Robert Dickson et Gaston Tremblay sur des musiques de Marcel Aymar, David Burt, Marc Cholette, Patrice Desbiens et Sylvain Lavoie. Le spectacle est également présenté à Ottawa.

1989   *Le Chien* est présenté au Festival de Théâtre des Amériques au printemps, au Festival des Francophonies à Limoges en France à l'automne, et dans une traduction par Maureen Labonté, en anglais au Factory Theatre de Toronto. • Dalpé déménage à Montréal. • Dalpé est récépiendaire d'une bourse B du Conseil des arts du Canada. • Pendant l'été, Dalpé fait une adaptation française de la pièce *Romeo et Juliet* pour les Productions Nightcap et le Théâtre Repère. La pièce, dont la mise en scène est assurée par Gord McCall et Robert Lepage, est produite au Festival Stratford ainsi qu'à Harbourfront (Toronto) et au Centre national des Arts (Ottawa). • Reprise de *Cris et Blues* à Toronto.

1990   Le spectacle *Cris et Blues* effectue une tournée en Ontario au printemps et est présenté au Festival des Francophonies de Limoges, en France à l'automne. • Dalpé est auteur en résidence au Festival des Francophonies de Limoges, en France.

1991   Dalpé traduit *La Ménagerie de verre*, de Tennessee Williams, qui est produite par le Théâtre Varia de Bruxelles en Belgique.

1992   *Le Chien*, adaptée pour la scène française par Eugène Durif, est présentée en lecture publique au Festival d'Avignon.

1993   Jean Marc Dalpé est auteur en résidence à la Nouvelle Compagnie Théâtrale de Montréal. • Dalpé coécrit avec V. Laxdall la pièce *National Capital(e) nationale*, coproduite par le Centre national des Arts et le Théâtre de la Vieille 17. • Le spectacle *Cris et Blues* est enregistré «live» à l'hôtel Coulson de Sudbury les 6 et 7 août. • *Le Chien* est produit par le Théâtre français de Toronto ainsi que par le Cercle Molière de Saint-Boniface. • Prise de parole publie une nouvelle édition de la pièce *Les Murs de nos villages*.

1994   L'adaptation «française» du *Chien*, réalisée par Eugène Durif, est publiée aux Éditions Théâtrales, à Paris. • Sa pièce *Eddy* est produite à Montréal par la Nouvelle Compagnie Théâtrale, dans une mise en scène de Brigitte Haentjens. • *In the ring*, la traduction anglaise de *Eddy* réalisée par Robert Dickson, est présentée au prestigieux Festival Stratford durant l'été. • *Eddy* est publiée en coédition par les Éditions Prise de parole et les Éditions du Boréal. • Le disque compact *Cris et Blues, live à Coulson*, est produit conjointement par les Éditions Prise de parole et Musique AU. • Avec Robert Marinier, Dalpé traduit la pièce *Homeward Bound* d'Eliott Hayes; la pièce intitulée *Tout va pour le mieux* est montée au Théâtre du Rideau Vert à l'automne et reprise au Théâtre de l'Ile à Hull.

1995   Une nouvelle pièce, *Lucky Lady*, produite par le Théâtre Niveau-Parking de Québec et le Théâtre de la Vieille 17 à Ottawa, est présentée à Québec et à Ottawa durant l'hiver. • *Lucky Lady* est publiée en coédition par les Éditions Prise de

113

parole et les Éditions du Boréal; l'ouvrage est finaliste au prix du Gouverneur général, catégorie théâtre. • Reprise de *Eddy* en février dans une production du Théâtre français de Toronto. • Le monologue «Give the lady a break» est créé dans le cadre d'un spectacle de *Contes urbains* à Montréal, production du Théâtre Urbi et Orbi. • Jean Marc Dalpé est auteur en résidence à l'Université d'Ottawa. • Jean Marc Dalpé est professeur en écriture à l'École nationale de théâtre de Montréal. • *In the ring*, la traduction anglaise de *Eddy* réalisée par Robert Dickson, est publiée dans le Canadian Theatre Review. • «Give the lady a break», est publié dans la revue Mœbius n° 66. • Dalpé reçoit une bourse B du Conseil des arts du Canada.

1996   La pièce *Lucky Lady* est reprise au Théâtre d'Aujourd'hui à Montréal en février, puis à Longueuil, à Toronto et au Festival international du théâtre francophone à Bruxelles en Belgique. • Dalpé reçoit une bourse de longue durée du Conseil des arts et des lettres du Québec. • Reprise de *Eddy* dans une production du Théâtre du Trillium à Ottawa en avril.

1997   *Lucky Lady*, en version anglaise dans une traduction de Robert Dickson, est produite par le Great Canadian Theatre Company d'Ottawa. • Dalpé livre le conte urbain «Les foufs», de Yvan Bienvenue, dans une production Urbi et Orbi, à Montréal. • Une nouvelle pièce, *Trick or Treat*, est en lecture publique au Centre d'essai des auteurs dramatiques à Montréal. • Dalpé est récipiendaire de l'Ordre des Francophones d'Amérique. • Dalpé reçoit le prix *Le Droit* en théâtre.

1998   Dalpé fait l'adaptation française de la production *Buried Child* de Sam Sheppard pour le Théâtre du Trident à Québec. • Rédaction et livraison du conte urbain «Red voit rouge» dans une production de contes présentée par le Théâtre La Catapulte à Ottawa. • Rédaction et lecture du poème «L'âme est une fiction nécessaire» à la radio de Radio-Canada.

1999 Le conte urbain «Red voit Rouge» est publié dans *Contes d'appartenance*, aux Éditions Prise de parole. • La pièce *Trick or Treat*, produite par le Théâtre de la Manufacture, à Montréal, est présentée au Théâtre La Licorne au printemps. • *Il n'y a que l'amour*, qui rassemble huit pièces (dont *Trick or Treat*), trois contes urbains, une conférence et un texte poétique, est publié aux Éditions Prise de parole. • *Il n'y a que l'amour* vaut à son auteur un deuxième prix du Gouverneur général en théâtre. • Jean-Marc publie son premier roman, *Un vent se lève qui éparpille*, aux Éditions Prise de parole. • Dalpé rédige et livre «Mercy», un conte urbain, dans la production des *Contes sudburois*, au Théâtre du Nouvel-Ontario, à Sudbury en février.

2000 *Trick or Treat* est repris en tournée au printemps, et à Montréal à l'automne. • Jean Marc Dalpé reçoit son troisième prix du Gouverneur général, cette fois dans la catégorie roman pour *Un vent se lève qui éparpille*. • *Un vent se lève qui éparpille* reçoit le Prix Champlain du Conseil de la vie française en Amérique.

2001 Au cours de l'hiver et du printemps, Dalpé écrit plusieurs épisodes pour la série télévisée *Fred-dy*, produite par Pixcom pour Radio-Canada. • La version anglaise de *Trick or Treat*, dans une traduction réalisée par Robert Dickson, est présentée au Centaur Theatre Company, à Montréal, ensuite au Factory Theatre, à Toronto, à l'automne. • Une adaptation télévisée de *Trick or Treat*, présentée à l'hiver, est applaudie par le public et saluée par la critique.

2002   Jean Marc Dalpé reçoit un doctorat honorifique en lettres françaises de l'Université Laurentienne de Sudbury.

2003   Jean Marc Dalpé livre l'intégrale de son roman, *Un vent se lève qui éparpille*, lors d'un souper-spectacle organisé conjointement par les Éditions Prise de parole et le Théâtre du Nouvel-Ontario. La soirée dure un peu plus de six heures.
        • Publication, en octobre, de la traduction anglaise de *Un vent se lève qui éparpille*, chez Talon Books sous le titre *Scattered in a rising wind*. La traduction est de Linda Gaboriau..

BIBLIOGRAPHIE

ABLEY, Mark, «Ontario Theatre's French Voice», *The Gazette* (23 mai 1989), p. 16.

BARRETTE, Jean, «*Le Chien*», *Vie française* 40.1 (1988), p. 87-88.

BEAULIEU, Léo, «*Le Chien*. Un pit-bull franco-ontarien», *L'Express de Toronto* (15 au 21 novembre 1988), p. 9.

BEAUNOYER, Jean, «*Le Chien* de Dalpé. Décapant jusqu'à l'os», *La Presse* (20 mars 1988).

_____, «Jean Marc Dalpé: Un dramaturge ontarien qui se défend avec son théâtre français», *La Presse* (3 juin 1989).

BEDDOWS, Joël, «Le Théâtre du Nouvel-Ontario au cœur des années 80. Une structure professionnelle pour des artistes créateurs: entrevues avec Brigitte Haentjens, Paulette Gagnon et Jean Marc Dalpé», dans *Les théâtres professionnels du Canada francophone. Entre mémoire et rupture*, sous la dir. d'Hélène Beauchamp et Joël Beddows, Ottawa, Le Nordir, coll. «Roger-Bernard», 2001, p. 69-86.

_____, «L'Institution théâtrale franco-ontarienne (1971-1991): Entre mission communautaire et ambition professionnelle», thèse de doctorat, Graduate Centre for the Study of Drama, Université de Toronto, 2002.

BÉLANGER, Louis, «*Le Chien*, revu et consacré», *Revue du Nouvel-Ontario* 11 (1990), p. 217-219.

_____, « *Le Chien* de Jean Marc Dalpé : réception critique », *Revue du Nouvel-Ontario* 16 (1994), p. 127-137.

BISAILLON, Yves et Alan COLLINS, « Le Cri du silence », film produit en collaboration avec la Chaîne française de TVO, 58 minutes.

BOUDREAULT, Miville, « *Le Chien* de Jean Marc Dalpé. Une bête aux dents acérées », *L'Express de Toronto* (semaine du 19 au 25 avril 1988), p. 5.

BRISEBOIS, René, « L'Amour en laisse », *Voir*, 2 :14 (3 au 9 mars 1988), p. 13.

CHEVRIER, Michel, « Le Théâtre franco-ontarien : la récupération des traditions orales dans le drame contemporain », Université Carleton [s.d.]. http://www.carleton.ca/califa/theatre.doc

COMEAU, Luc, « Une entrevue avec la metteure en scène [du *Chien*] », *Ici et ailleurs*, Théâtre du Nouvel-Ontario, automne 1989.

CONLOGUE, Ray, « Sharp Writing, Strong Acting Make Powerful Family Drama », *The Globe and Mail* (19 novembre 1988), p. C8.

CREW, Robert, « *Le Chien*'s English Debut. An Underwhelming Event », *The Toronto Star* (18 novembre 1988), p. B18.

DALPÉ, Jean Marc, « Conférence d'ouverture. La nécessité de la fiction » dans *Toutes les photos finissent-elles par se ressembler?* sous la dir. de Robert Dickson, Annette Ribordy et Micheline Tremblay. Sudbury, Prise de parole et Institut franco-ontarien, 1991, p. 16-17.

DICKSON, Robert, « Portrait d'auteur : Jean Marc Dalpé », *Francophonies d'Amérique* (2003), p. 95-107.

DONNELLY, Pat, « Franco-Ontarian Play Echoes Tremblay », *The Gazette* (5 mars 1988), p. D2.

FORTIER, André, « Tissu riche en sentiments durs, mais vrais », *Liaison* 45 (1987), p. 40-41.

FUGÈRE, Jean, « Jean Marc Dalpé. L'Urgence de dire », *Liaison* 53 (1989), p. 28-30.

FRÉCHETTE, Carole, « *Le Chien* », *Jeu* 48 (1988), p. 141-143.

GIROUARD, André, « "Je veux en finir une fois pour toutes" (Jay) », *Le Voyageur* (17 février 1988), p. 1-2.

_____, «Il faut en finir une fois pour toutes…», *Le Voyageur* (2 mars 1988), p. 11.

GLICK, Ira, «Famille, je vous hais», *The Varsity* (24 novembre 1988), p. 10.

GOBIN, Pierre B., «Donner une voix au pays occulté: la dramaturgie de Jean Marc Dalpé et les Franco-Ontariens», dans *Le Renouveau de la parole identitaire*, dir. par Jeanne-Marie Clerc et Mireille Calle-Gruber, Kingston / Montpellier, Queen's UP / U. Paul-Valéry, 1993, p. 233-252.

HAENTJENS, Brigitte, «La Création en milieu minoritaire: une passion exaltante et peut-être mortelle…» dans *Toutes les photos finissent-elles par se ressembler?* sous la dir. de Robert Dickson, Annette Ribordy et Micheline Tremblay. Sudbury, Prise de parole et Institut franco-ontarien, 1991, p. 63-70.

KAPLAN, Jon, «Defining a Drama by Human Emotion», *Now* (10 novembre 1988), p. 38.

LAFON, Dominique, «De la naissance à l'âge d'homme: le théâtre franco-ontarien à la lumière du carnavalesque» dans *Les littératures d'expression française d'Amérique du Nord et le carnavalesque*, sous la dir. de Denis Bourque et Anne Brown, Moncton, Éditions d'Acadie, 1998, p. 207-233.

LEMERY, Marthe, «Portrait: Jean Marc Dalpé, avec ou sans le Prix du gouverneur général. Confessions d'un voyageur impénitent», *Le Droit* (4 mars 1989), p. 3A.

LÉPINE, Stéphane, «Le Théâtre qu'on joue: *Le Chien*», *Lettres québécoises* 50 (1988), p. 54.

MAINVILLE, Sylvie, «The Original Acclaimed Production – The Original Cast. Now in English. *Le Chien* by Jean Marc Dalpé, translated by Jean Marc Dalpé and Maureen Labonté: Entrevue avec l'auteur et la traductrice», *Ici et ailleurs*, le Théâtre du Nouvel-Ontario, printemps 1989.

MAROIS, Sylvain, «Théâtre franco-ontarien», *Canadian Literature* 177 (2003), p. 136-138.

MAYER, Michel, «*Le Chien*», *Le Voyageur* (le 14 juin 1989).

MILLETTE, Dominique, «Du théâtre francophone en Ontario, *Jeu* 46 (1988), p. 128-133.

MONTESSUIT, Carmen, «*Le Chien* réussit à nous tenir éloignés», *Le Journal de Montréal* (8 mars 1988).

MOSS, Jane, «All in the Family. Quebec Family Drama in the 1980s», *Journal of Canadian Studies* 27:2 (1992), p. 97-106.

_____, «Le Théâtre franco-ontarien: Dramatic Spectacles of Linguistic Otherness», *University of Toronto Quarterly* 69:2 (2000), p. 587-614

NUTTING, Stephanie, «*Le Chien*» dans *Le Tragique dans le théâtre québécois et canadien-français, 1950-1989*, Lewiston, Edwin Mellen Press, 2000, p. 91-113.

_____, «Entre chien et homme. L'hybridation dans *Le Chien* de Jean Marc Dalpé» dans *Les théâtres professionnels du Canada francophone. Entre mémoire et rupture*, sous la dir. d'Hélène Beauchamp et Joël Beddows, Ottawa, Le Nordir, coll. «Roger-Bernard», 2001, p. 277-290.

O'NEILL-KARCH, Mariel, «L'Espace scénique comme représentation de l'espace dramatique dans *Le Chien* de Jean Marc Dalpé», *Littéréalité* 4.1 (1992), p. 79-94.

_____, «*Le Chien*: Espace scénique, espace dramatique», *Théâtre franco-ontarien: espaces ludiques*, Vanier, L'Interligne, 1992.

_____, «John Van Burek sort *Le Chien* de sa niche», *Liaison*, 74 (1993), p. 6.

_____, «Le Spectre théâtral dans le corpus franco-ontarien» dans *Toutes les photos finissent-elles par se ressembler?* sous la dir. de Robert Dickson, Annette Ribordy et Micheline Tremblay. Sudbury, Prise de parole et Institut franco-ontarien, 1999, p. 158-170.

P. J., «*Le Chien* aboie, la caravane reste», *La Montagne*, Clermond-Ferrand (4 octobre 1989).

PARÉ, François, *Les Littératures de l'exiguïté*, Ottawa, Le Nordir, 1994.

_____, *Théories de la fragilité*, Ottawa, Le Nordir, 1994.

_____, «La Dramaturgie franco-ontarienne, la Langue et la Loi», *Jeu* 73 (1994), p. 28-32.

_____, «Autonomie et réciprocité: Le théâtre franco-ontarien et le Québec» dans *Le Théâtre québécois 1975-1995*, sous la dir. de Dominique Lafon, Montréal, Fides, coll. «Archives des Lettres canadiennes», tome X (2001), p. 387-405.

PELLETIER, Pierre, «Pourquoi *Le Chien* nous émeut-il?», dans *Liaison* (mars 1994) p. 20-30, repris dans *Petites incarnations de la pensée délinquante*, Ottawa, L'Interligne, 1994, p. 117-130.

PENNINGTON, Bob, «Searing Performances», *The Sunday Sun* (20 novembre 1988), p. 86.

PONTAUT, Alain, «*Le Chien*. Un jeune auteur d'une grande force», *Le Devoir* (7 mars 1988), p. 9.

RENAUD, Normand, «*Le Chien* monté par le T.N.O. Une production remarquable» et «*Le Chien* de Dalpé. Une grande œuvre. Il faut tuer le Chien», *L'Orignal déchaîné* I:10 (1988), p. 10, 11.

RIVA, Paul de la, «*Le Chien* revient de Limoges», *Le Voyageur* (18 octobre 1989), p. 28.

_____, «*Le Chien*» nous mord pour une dernière fois», *Le Voyageur* (1er novembre 1989), p. 6.

ROBERGE, Pierre, «Lionel Villeneuve — *Le Chien*: la primauté absolue du texte sur la scène», *La Presse* (5 mars 1988), p. E5.

ROUYER, Charles-Antoine, «Venez voir *Le Chien* les oreilles dressées...», *L'Express de Toronto* (5 au 11 octobre 1993), p. 5.

_____, «*Le Chien* ouvre la saison du TfT. Un maudit roc' à merveilles!», *L'Express de Toronto* (19 au 25 octobre 1993), p. 7.

SAINT-HILAIRE, Jean, «*Le Chien* de Dalpé. Un bon vent venu de l'ouest», *Le Soleil* (4 septembre 1987), p. C1.

SIDNELL, Michael, «Mode narratif et mode dramatique. Réflexions à partir de la pièce *Le Chien* de Jean Marc Dalpé», traduit par Jean-Guy Laurin, *L'Annuaire théâtral* 10 (1991), p. 173-187.

SIMARD, France, «*Le Chien* de J.-M. Dalpé au Sommet francophone», *Le Droit* (le 1er septembre 1987).

TAYLOR, Kate, «Mad Dog, Mad Dog», *The Globe and Mail* (le 21 octobre 1993).

WAGNER, Vit, «Bridging Our Bunkered Solitudes», *The Toronto Star* (le 12 octobre 1993), p. B3.

WICKHAM, Philip, «*Le Chien*: le meilleur ennemi de l'homme», *Continuum* (semaine du 14 mars 1988), p. 23.

TABLE DES MATIÈRES

Recyclé
Contribue à l'utilisation responsable
des ressources forestières
www.fsc.org Cert no. SGS-COC-2624
© 1996 Forest Stewardship Council

Achevé d'imprimer
en janvier deux mille huit sur les presses
de l'imprimerie Gauvin, Gatineau (Québec).